武田邦彦

科学者が解く

「老人」のウソ

産経新聞出版

はじめに　「老後」なんてものはありません

今、人生100年時代と言われています。

しかし、「高齢社会」「高齢者」「後期高齢者」「定年」「老後」という言葉が世の中には溢れています。

かつて、あるテレビ番組では「定年後でも元気な人をどうするか?」などいうことが語られていました。

どうも、「年を取ったら定年がくる」という先入観に縛られているように思います。

日本国憲法には「すべて国民は、法の下に平等であって、人種、信条、性別、社会的身分又は門地により、政治的、経済的又は社会的関係において、差別されない」と書かれています。憲法改正の議論が高まっていますが、法の下の平等については、日本だけではなく世界中で、異論がないところでしょう。

差別は禁止されているのですから、たとえ年を取ってやや疲れ気味になっているとしても、それによって一律の定年を決めるというのはおかしいのではないでしょうか。これでは女性差別ならぬ「年齢差別」です。

でも、このような「年齢差別」とも言える言葉が出てきたのも、人生１００年時代というものを迎えて、初めての事態にどう対処すればいいのか、その概念がないからだと思います。

つまり、人生１００年時代の人生哲学がないのです。

私は50歳以上の男性に「生きている意味はない」と言ってきました。

「あなたこそ、年齢差別をしているのでは？」

こう疑問に思う人もいるでしょうが、私の真意は違います。50歳以上の男性は、「生物として生きている意味」がないということなのです。

それはどういうことか。

後に詳述しますが、女性で考えると、成長して結婚し、子供を産み、育てるというのはほぼ50歳までに終えます。

男性も同じで、昔は若い人には兵役や徴兵というものがありました。年を取って、体力が落ちて、弱いものを守るために戦えなくなり、肉体労働もできなくなってくるのが50歳くらいだったのです。

つまり、50歳で生物としての人間が終わると私は考えます。その後の人生は〝別の理由〟で生きる別の人生です。

私たちは、人生は1度だけだと思っています。しかし、それは誤解で、実は、人生は2度あるのです。

生まれてから50歳までの「第1の人生」と、50歳以降の「第2の人生」の2つの人生が1人の人間にはある。その境目が50歳なのです。

私は科学者ですから、「50歳」という年齢に、なにか断層のようなものを感じます。たとえば、糸魚川と静岡の中央構造線（フォッサマグナ）のような断層を感じるくらい、50歳で人生が一区切りされているのがわかります。

ここで強調しておきたいのは、平均寿命が50歳であっても、80歳でも、100歳でも、人生は50歳で大きく変わるということです。

人生100年時代がきた

日本人の平均寿命は今では大きく延びていますが、100年ほど前、1920年代前半の日本人の平均寿命は男性が42・1歳、女性は43・2歳で、明治、大正期の日本人の寿命は、おおむね40歳代でした。

なぜ、こんなに平均寿命が短かったのか。

当時の女性は、子供を10人産むことも珍しくなかったので、お産だけでも疲れ果ててしまいました。しかも、お産では出血したり、感染症にかかったり、産後の肥立ちが悪かったりと、命にかかわる危険が多くありました。お産をしたあとには、赤ちゃんに数時間ごとの授乳をし、おしめを替えたりしながら、家族の食事の用意や洗濯などの家事もするのですから、それは重労働でした。当時の一般家庭は貧しかったので、人を雇って家事をまかせることはありませんので、お母さんが1人でやらなければなりません。だから、疲れ切ってしまうのです。

また、その頃の男性は、農業や漁業、林業などの第一次産業や、鉱業や建設業に従事して、クワやツルハシをふるうような肉体労働で身を立てている人が大多数でした。

だから男性は、40歳を超えるくらいになると、腰を悪くしたりして、体はボロボロになり、短命で終わったのです。

そういう事情もあって、戦前は日本人の平均寿命は50年くらいだと思われてきました。

戦後、日本人の平均寿命はどんどん長くなりました。医学の進歩があり、日本人の栄養状態も良くなりましたし、第一次産業も機械化が進んだからです。

２０１６年の日本人の平均寿命（厚生労働省調査）は、女性は87・１４歳、男性は80・９８歳で、これは、大きな国の中では共に世界第1位です。前年の調査と比較して、女性は０・１５歳、男性は０・２３歳延びて、いずれも過去最高となりました。

日本人の死因で多いのはガンや心疾患、脳血管疾患ですから、もし、これらの病気で亡くなる人がいなくなれば、平均寿命は現状よりもさらに延びると推定されています。厚生労働省（厚労省）の試算では、２０１６年生まれの人が、ガンや心疾患、脳血管疾患で死亡する確率は女性46・5％、男性51・2％で、これらの病気による死亡がゼロになったと仮定すると、平均寿命は女性で5・74歳、男性で6・95歳延びるとしています。

日本のお医者さんの医療技術は世界でもトップクラスですから、今後も平均寿命は延びる可能性があります。日本人の平均寿命は、90歳を超え、１００歳に近づくでしょう。人生１００年時代の到来です。そうなれば、50年だった人生のあとに、もう1回50年近い人生が繰り返されることになります。

50歳からの人生の準備

人生は2度ある。それを若いうちから意識しておかなければいけません。ところが、今の若い人は、哲学や文学をあまり読まないこともあり、人生が2度あるとはっきり意識している人はそんなに多くないと思います。

人生が2度あるなら、50歳までの人生の準備と、50歳以降の人生の準備は、それぞれ別に考える必要があります。

私たちは、訪れる未来に対して常に準備をしています。朝、起きて意識がはっきりしてくると、起き上がってカーテンを開けたりします。顔を洗い、歯を磨いて、1日が始まる準備をします。それが、毎日毎日、1年365日、一生続きますからものすごい回数になります。人間の代謝速度が遅ければ洗顔や洗髪、入浴は1週間に1度でいいかもしれませんが、そうはいかないので、どんなに時間がなくても日々の暮らしの準備が必要になります。

その準備を、第1の人生（50歳まで）という長いスパンの中で考えてみましょう。

自分が家庭を持って子供を作りたいと思うと、この準備は大変です。私の場合は男性ですから男性の場合で考えてみると、まず相手を探さなければいけません。職場にふさわしい女性がいればいいけれども、誰もが配偶者を探すための恵まれた環境にあるわけではありません。女性の友達も少ないかもしれない。さあ、どうしたらいいか……。そういうところから始めて、いろいろと作戦を練ったり、誰かと試しに付き合ってみたり、お見合いをしたりします。

うまく相手が見つかって結婚式を挙げるとなると、さらに大変です。そのあと、子供を持つに至るまでには、多種多様の準備が必要です。

私自身も、なぜこんなにたくさんの準備をしなければならないのかと思うことがありました。考えてみれば、人生というものは準備の連続なのです。

そして第1の人生よりもさらに難しい準備が必要なのが、50歳から始まる第2の人生です。最も大切な準備は何かといえば、やはりそれは「生き方の準備」だと思います。人生をどのように生きるかは、人間にとって長期にわたる大きなテーマだからです。

また、その「人生の生き方の準備」では、自分1人だけ、個人の人生だけを考えていては実は準備ができません。自分の人生を考える時には、常に先輩やご先祖がいて、そして自分がいて、子孫がいることに気づかされると思います。たとえば、「自分だけの人生」から「日本人としての自分の人生」というふうに視野を広げると、日本人の先祖がいて、その伝統・文化などの結果として自分がいる、日本人の子孫についても考えなくてはならないということに気づきます。

何歳からが老人か

現在、「老後」という言葉が世の中ではよく使われます。何歳からが老人か、というような議論もなされています。しかし、人生は2度あるのですから、「第2の人生」は「老後」ではありません。「老後」と考えるから様々な問題が発生するのです。

「第2の人生」はまったく価値観が異なる別の人生だと思ってください。つまり、「老後」なんてものはありません。そう考えれば、50歳以降の生き方も病気への対処法もすべて納得して準備することができます。

人生が2度あると考えれば、すべてうまくいくのです。

50歳以上の第2の人生においてもっとも影響が大きく、多くの人がもっている錯覚は「私は〝老後〟を生きている」と思っていることです。

1920年代前半の日本人の平均寿命は男性が42・1歳、女性は43・2歳でした。赤ちゃんのときに他界する方を除いても50歳には達しません。江戸時代には45歳ぐらいで隠居するのが普通でしたが、昭和になっても50歳を超えたら確実に「老後」でした。

戦後になって50歳や55歳以上の人生を「老後」と呼ぶようになったので、今でも「老後」や「高齢者」、もっとひどいものでは「後期高齢者」という言葉さえあります。

この言葉の威力は絶大で、50歳を超えると「俺もそろそろ老後だ」と自分で思ったり、定年を過ぎると「高齢者扱い」を受けたりします。女性も50歳を超えると閉経を迎える時期でもあり、物忘れなどすると、つい「あたしも年取ったわね」とつぶやいたりします。

人間は大脳に支配される動物ですから、毎日のように、自分を老人、高齢者、物忘れで年を取った……などと考えたり言ったりしていると、大脳から体の各部分にその指令がいって、本当に老化していきます。

筋肉を増強する方法の1つに、強く筋肉を圧迫することがありますが、これには2つの意味があります。「筋肉を圧迫することによって、筋肉繊維を伸ばし、成長させる」という物理的意味と、筋肉に痛みを与え、その痛みが脳に伝わって、脳が「あそこの筋肉は強くしなければならない」という指令を出す意味を持っています。

このように人間の体は、物質的な変化と、大脳の指令の2つでできていますから、「老後」という概念を持つことは第2の人生にとってとても危険なことです。

仮に「老後」という概念をもって第2の人生を送ると、毎日、確実に「老化」します。足が弱くなる、目がかすんでくる、記憶力が弱くなる……。さらに、血圧降下剤を飲みたくなる、油のものを避けるようになる……。何か不都合なことが起こると年齢のせいにする……と病状が進んできます。

反対に、「老後」という概念を捨て去ると、私はいま75歳ですが、75歳までまったく40歳ぐらいの時と変わりません。

足はかえって強くなりました。これは72歳でゴルフを卒業して、人生で初めてテニスを始めたからです。「テニスからゴルフへ」という普通の流れの逆を行き、ゴルフからテニスに変えてみました。最初は72歳でテニスをするのか？　と私自身もやや引いた感じでしたが、アキレス腱のケアや準備体操を十分にして臨みました。

最初の半年は疲れ切って2週間に1回しかテニスができませんでしたし、テニスの後は疲れて寝ていました。でも3年を経た今では週にゆうゆう3回は楽しめ、激しいトレーニングも可能になり、疲れないのでそのまま次の仕事をしたりしています。

70歳を超えてテニス？　と思うことが足腰を弱めます。

第2の人生は第1の人生より激しく

私の目は強度の近眼と乱視で若い頃から苦労してきましたし、加えて57歳で左目を失い、大手術をして、今は半分は人工の目なのですが、細かい字も平気で読むことができます。日本酒をあまり大量に毎日飲んでいると、若干、目がかすんでくることがありますが、その他は大丈夫です。

瞬発力や記憶力は、さらに磨くように積極的に努力しています。瞬発力は、テレビ番組『ホンマでっか!?TV』（フジテレビ）に出演しているときに、司会の明石家さんまさんとの掛け合いに耐えられるよう、日常生活でも、返事や対応を早くして瞬発力をつけるようにしています。

記憶力では、専門の物理や材料、原子力といったものだけではなく、歴史、国際政治、経済などを積極的に学び、書籍も書き、批判も受け、知識を増やすようにしています。

国際政治を学ぶときには、ある国、たとえばサウジアラビアのことを本で読んだり、ネットで聞いたりして集中的に学び、ときに国際政治の専門家の方にお会いすると、どんどん質問してさらに覚えるようにしています。

また、ビットコインのような暗号通貨（一般的に言われる仮想通貨）の場合、「わからない」と諦めずに、なんとかして親しみを持つようにいろいろな方法で勉強します。暗号通貨の仕組みである「ブロックチェーン」についてもかなり複雑なのですが、「習うより慣れろ」で何回も読んだり、聞いたりしていると親しむことができます。

このような場合も、「老後だから」というのを捨てて、むしろ「若い頃はできなかったが今はできる」という逆転の発想でやっています。

女性との付き合いも積極的です。第1の人生では結婚や恋愛が目的ですが、今の私の第2の人生では、仕事の付き合いで女性と大いに話をします。そうすると、私の頭も柔らかくなりますし、第2の人生になってからの異性との食事や話はとても快適なものです。

食事ではさらに年齢を超えるようにしています。

もともと、肉が好きだったのですが、年を取ってくるとお寿司なども好きになりました。

そこで、焼き肉も食べる、寿司も食べるという食事をしています。血圧は年齢に合わせて、(年齢＋90)でコントロールしています。そうすると血の循環が良いので元気です。若いときと同じようにお酒を飲み、深夜になると(夜の)クラブ活動に出かけ、11時過ぎに帰るという生活もしています。

お酒は産業医の研究結果に沿って、「酒と女性は2合(号)まで、休肝日2日」などという老化を促進するキャンペーンを疑い、「酒4合、休肝日なし」で暮らしています。酒ばかりではないのですが、「酒を飲むと健康に悪い」のではなく、「健康がすぐれないと酒がまずい」のだと思っています。

幸い、油っぽいものも平気で、天ぷら、ウナギ、三枚肉、カルビなど、オールＯＫで、「おいしい」と思うとおいしいものです。

総じていえば、「第2の人生では、第1の人生より激しく」ということでしょう。つまり、第1の人生でゴルフをしていたら、第2の人生は私のようにテニスとキックボクシングとか、第1の人生では物理が専門でも、第2の人生では「なんでも来い」というスタンスです。

私は、1週間に4回、テレビ出演しています。講演は年間150回、著作は年に5冊は出版しています。もちろん、大学での教授としての研究や教育も現役です。

私は、生まれつき病弱で、病気に苦しんできましたし、今も体は強いほうではありません。

それでもこれほど若い人たち以上に元気いっぱいに活動できるのは、やはり第2の人生の準備を常にしてきたからです。そうして、私は50歳直前で転職をしました。第2の人生を過ごすために、会社員から芝浦工業大学の教授になったのです。

「老後」ではない「第2の人生」をよりよく過ごし、よりよく生きるためには、概念的にも、経済面、健康面でも、準備が必要です。

今や人生100年に近づこうとしています。人間の歴史において、「生物として生きている意味がない」50年をどう生きるのか。そういう初めての事態に我々は直面しています。

本書では、50歳を境に始まる「第2の人生」を生きる準備、あるいはその意味、生き方について科学的に考え、少し大袈裟に言えば、人類で初めてその概念を明らかにし、さらに踏み込んで具体的に考えてみたいと思います。

「老人」のウソ◉目次

はじめに

第1章 「老後」なんてものはありません

人生100年時代がきた
50歳からの人生の準備
何歳からが老人か
第2の人生は第1の人生より激しく

第1章 「老後」のウソ

「本当の野菜を食べたほうがいい」という女性
人生100年ではなく「50年、50年」
論理的に考えて第2の人生は50年ある
50歳からの人生の目標を決める
40代は人のイヤがることもする
50歳からは別の人生

第2章

「寿命」のウソ

50歳からは何のために生きるのか
50歳からの「健康」とは
最初の命は「寿命」がなかった
親は死んで子供は生きるという現象
自分のリニューアルをやめた命
〝死のスイッチ〟が入る理由
経験数一定の法則で〝死のスイッチ〟が入る
子供のために親の〝死のスイッチ〟が入る
サケに見る子供のための〝死のスイッチ〟
仲間に貢献しないと〝死のスイッチ〟が入る
長寿のために必要なこと

第3章 「老化」のウソ

「老化」という思い込み
老化のように見える不使用をなくす
一流選手の引退とあなたは無関係
「骨がまだ必要だ」と自分に言い聞かせる
〝悪魔の席〟に座らない
高校のときと比べて、いま勉強していますか？
笑って、あっと驚くものを見る
「サラサラ、サラダ」という罠
サラダ油は棚の奥にしまい込む
「周囲からの口撃」を無視する
老いを防御する作戦
「高齢者」というトリック

第4章 「病」のウソ

第2の人生の選択──2つの人生
「病気」と「症状」は違う
「減塩食はヘルシー」のウソ
第2の人生にドクターストップはない
血圧基準は国民の健康を考えていない
血流量一定のために血圧は変動する
高血圧で死ぬというデータのトリック
一部を切り取るトリック
悪玉（必須）コレステロールとは
コレステロール基準もおかしすぎる
コレステロール値と死亡リスク
コレステロール値は食品によらない
死にたい気持ちがなくなればガンもなくなる
第2の人生ではガンは怖くない

楽しく生活していればいい
肺ガン増加の謎は解けていない
「高齢者」の健康情報が少ない

第5章 「定年」のウソ

50歳からに土日はない
社会と関わるのが「仕事」
人に感謝されるための下準備
お金と人情を貯める
時間を節約しないドライブも「仕事」
「時間がもったいない」は必要ない
何もしなければ生きている意味がない
男女関係は健康のために重要
第2の人生の極意

第6章　第2の人生論――193

人生はなぜうまくいかないのか？
人生は錯覚だらけ
人間は納得できることを真実だと思う
年金は自分が自分に出すのではない
35年間もの年金が支えられるか
日本経済の未来に不安を持たなくていい
親子、兄弟の仲が悪いのは当然
「上司と部下」システム
「本当に正しい」と「役割として正しい」
社会の考えと自分の考えに差が出る
いらいらせずに過ごすために

あとがき――225

装丁　神長文夫＋柏田幸子
ＤＴＰ制作　荒川典久

第1章

「老後」のウソ

「本当の野菜を食べたほうがいい」という女性

奇妙な経験をしたことがあります。

名古屋大学で教鞭をとっていた頃、時々、愛知大学にも教えに行っていたことがありました。愛知大学の学内のコンビニで、ある日の夕方、1日に必要な野菜350グラムが摂れる野菜ジュースを買おうとレジに持っていくと、55歳ぐらいのレジの女性に、こう言われたのです。

「たまには、本当の野菜を食べたほうがいいよ」

私は咄嗟《とっさ》に、「はい」と返事はしましたが、実に奇妙でした。というのは、そのレジの女性は、私の妻でも母でもなく、初対面の赤の他人だったのに、私の健康を気づかって、食生活に関するアドバイスという「お世話」をしてくれたのです。

なぜ、著者はこのような日常の風景をわざわざ書いているのか、年配の女性は元来おせっかいなもので、若い子を見ると「野菜を食べなさい」などと声をかけるのはよくあることではないか、と思うかもしれません。でも、この女性の行為は、人間の女性だけに表れる、ある重要な特徴を裏付けるものなのです。

人間の女性は、生まれてから成長し、結婚し、子供を産み、育てる。ここまでで、ほぼ50歳になります。50歳になる頃、女性ホルモンが減少してきて、閉経し、子供を産めなくなります。

しかし実は胎生で子供を作る哺乳動物のメスはすべて生理がありますが、その生理が終わったらメスは例外なく死にます。病気か病気でないか、に関係なく、子供を産めないメスというのは生きている意味がないので死ぬのです。

「生きている意味がなくなるから死ぬ」というと、「では閉経後に自分は生きてはいけないのか！」と怒り出す人がいるかもしれません。でも怒ることはありません。「生きている意味がなくなる」とは「生物として」ということです。

生物は自分の子孫を残すために生きています。ですから、子孫を残せなくなると「生物として生きている意味」を失うのです。

実際にも「生物として生きている意味」がなくなってからも生き続けるのは、哺乳動物では人間だけです。そのため、私たちは「生きる意味がなくなる」ことになってからの「生きる意味」を考えなくてはなりません。

ではなぜ生物の中で人間の女性だけが、閉経後も生きていられるのか。それについては長い間研究が続けられました。閉経後の女性は、体がしだいに男性的になっていきます。そのような状態や、その後の寿命の傾向からみて、どうもホルモンが相当に関係しているのではないか、などと考えられました。

様々な説がありましたが、閉経後に人間の女性が生きている理由として現在、考えられている説は「お世話」です。孫の世話、自分の旦那の世話、近所の小さな子供の世話は当たり前ですが、たとえばクラブ・同好会の世話人などをしながら、まわりの人の「お世話」をすることが生きている理由だというのです。

つまり、先のコンビニのレジで私に対して「たまには、本当の野菜を食べたほうがいいよ」と「お世話」をしてくれた女性の場合も、その「お世話」は「お節介」ではなく「生きている意味」そのものではないかということです。

哺乳類のメスで、閉経後も「お世話」をして生き続けるのは、人間だけです。この「お世話」に生きる意味と価値があるのではないかという考え方は、「おばあさん仮説」と呼ばれています。

生理の終わった女性が自分の孫の世話をしていると、ホルモンの状態が少しだけ生理が終わる前の状態に戻ることがわかってきました。研究が続けられた結果、「自分の孫」だけではなく、「他人の子や孫」でも同じ効果はあるし、「愛犬」や「愛猫」でもその効果が認められるそうです。しかし私の感覚では、どうも「お世話」をする対象が、遺伝的に近い人や親しい人ほど延命効果が高いように思います。

かつて女性は子供を産み、育て、男性は生きるための糧を求める生き方が中心で、それを終えると死にました。生物としての役割を終えた50歳くらいで寿命が尽きていたのです。そのとき、人間は生物として生きていました。

この元来、人間が生物として生きてきた50歳までを本書で私は「第1の人生」と呼びます。そしていまや人間は生物としての役割を終えても生き続けますが、この50歳からを「第2の人生」と呼ぶことにします。

人生100年ではなく「50年、50年」

では、「生物として生きている意味」がなくなった後、いわゆる「第2の人生」について考えていきます。人生100年時代などと言いますが、実際は「50年、50年」という2つの人生があるということです。

第1の人生は50歳で一区切りだと言いました。この第1の人生の50年では、生まれてから初等教育の前期が終わるまでの10年間は、なにもできない赤ちゃんの状態から、一応、最低限のことは自分でできるという1人の人間として成長するための期間です。その後、中学、高校、大学と教育を受ける期間は、20歳から始まる本当の第1の人生のために力をつける準備期間です。

それに対して第2の人生では、第1の人生の最初の10年間にあたる「人間として成長する10年」は存在しません。つまり、第2の人生のいいところは、成長期間の10年を節約できるというところです。

第2の人生は、第1の人生で言えば、中学、高校、大学という準備期間から始まります。これに相当するのが、50歳から60歳までの10年間です。この間に、第2の人生の仕事や生き方を考えたり、疑似恋愛をしたり、お金を貯めたり、人に恩を売ったりします。これについては後に説明します。

第2の人生の初期は、その前の第1の人生を引きずっていますが、しだいに第1の人生で経験したことの割合が少なくなってきて、60歳に到達します。そして、本格的に第2の人生が始まるわけです。

次に、60歳から90歳までは、第2の人生の青年期から壮年期ということになります。その期間の約30年に、第2の人生の目的を達成すればいいわけです。

ここで、第2の人生の準備期間に知っておかなければならないのは、50歳からの「平均余命」です。前述した「平均寿命」は0歳児の寿命（平均余命）を表わしていて、第1の人生

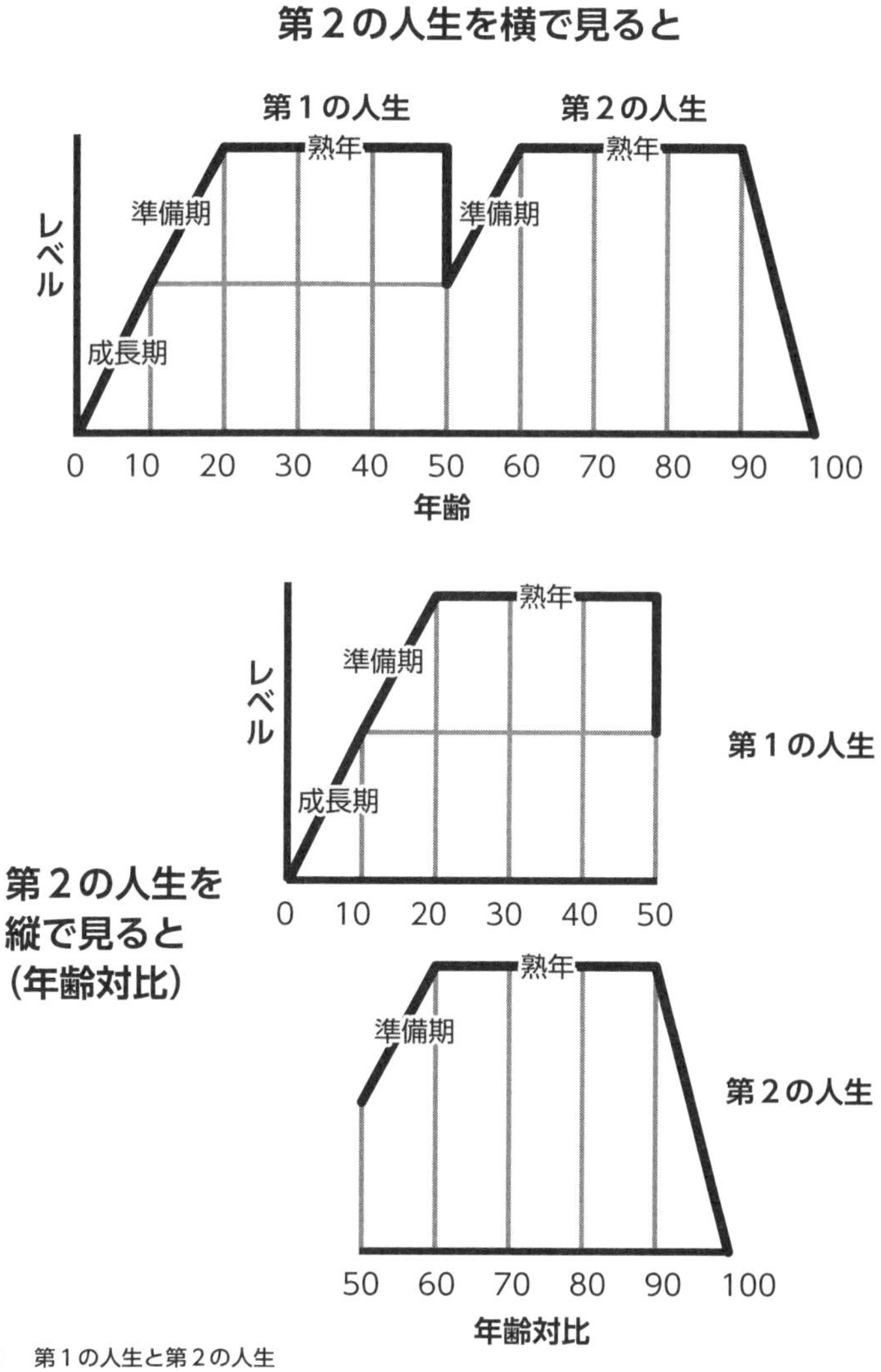

図１　第１の人生と第２の人生

では意味を持ちます。

でも、第2の人生は50歳から始まりますので、50歳に到達した人がその後に生きられる「平均余命」を知らなければなりません。なぜなら、いったいどのくらいまで私たちは生きるのかということを、冷静に知っておかなければ第2の人生の計画が立てられないからです。

もちろん個人差はありますが、自分はもうすぐ死ぬとか、長生きしたいなどという私的な感情や希望は別にして、平均余命と毎年の延びを科学的に捉えておく必要があるからです。

平均余命は、国政調査の人口と人口動態統計の死亡数・出生数をもとに、5年に1回更新されます（完全生命表）。

2015年の平均余命は、0歳児は男性が80・75年で、女性が86・99年。0歳児の場合は、平均余命と平均寿命が同じ年数です。そして平均余命は、年齢ごとに異なります。

2015年における、年齢別の平均余命は、次のようになります。

年齢	男性	女性
50歳	32・36年	38・07年
60歳	23・51年	28・77年
70歳	15・59年	19・85年

80歳　8・83年　11・71年
90歳　4・27年　5・56年

論理的に考えて第2の人生は50年ある

この表を見ると、50歳の男性は、「俺の余命は32・36歳だから、寿命は83歳ぐらいだな」と思うでしょう。また同じく70歳の女性は「70＋19・85歳だから、私は90ぐらいで死ぬのね」と思います。

でも、それは違うのです。第1の人生では、生まれた時にはまだ死ぬまで80年以上もあるのですから、あまり厳密に平均余命を考えても意味がないのですが、第2の人生では、人生の終わりが近いので、人生計画を立てる上でも、もう少し厳密に考えなければいけないのです。第2の人生に入るときには、次のように考える必要があります。

(1) まずは、50歳の平均余命を知る。

(2) 次に、余命の延びを計算に入れる。

たとえば50歳になった女性が第2の人生を設計するときに、まず「平均余命から言えば、50＋38だから、一応、88歳まで生きると考えてよいのね」と思ったら、間違いなのです。

平均余命は毎年、少しずつ長くなり変わっていきます。たとえば、仮に1年ごとに平均余命が1年延びたら、50歳の女性は1年後に51歳になりますが、その時には平均余命も1年延びていますので、何歳になっても余命は38歳で、永久に死ぬことができないという奇妙な計算になります。

現実的には、戦後の平均余命は、1年でほぼ0・4年ずつ延びてきました。今後も同じように延びるとすると、50歳から１００歳までの50年間生きていると、平均余命は20年延びることになります。

つまり、すでに50歳まで生きたという事実に基づく平均余命が男性32年、女性38年に対して、第２の人生を終わるときには、それが男性52年、女性58年になっているはずです。ですから、第２の人生の計画段階では、男性は「俺の寿命は１０２歳」、女性は「私の寿命は１０８歳」として良いことを示しています。

しかし、未来の余命を厳密に推定するのは、現実にはかなり難しいのです。

なぜなら、

第1に、赤ちゃんの平均寿命より、50歳まで生きた人の平均寿命が長いので、「年を取ったことによって獲得する新たな寿命」があること、

第2に、これまでの平均寿命の延びが将来も同じように続くとは決まっていないこと、

第3に、遺伝子治療など、これまでと全く違う医療の進歩があり、格段に寿命が延びる可能性が指摘されていること、

など、楽観的な見方と悲観的な見方が交錯しているからです。

でも、そんな細かいことを考えなくても第2の人生の計画を立てることはできます。それは「寿命100歳で考えよう！」と決意すればよいからです。逆に言えば、決意しなければ計画は立てられません。

つまり、人生は「びしっと100歳」でオーケーです。

そう決めれば、50歳の人は、第2の人生として、さらに50年の人生を考える必要があることがわかります。ただ、第2の人生では、第1の人生のはじめにあった「人間として成長するための期間」の10年がありませんから、第2の人生の活動を開始するのが60歳になり、90歳から100歳が、ちょうど第1の人生の成長の期間と逆で「終わりの準備の時間」になります。つまり、「50歳＋50歳の人生」での「隠居の期間」になり、徐々に体力が落ちていく期間と位置付けられます。

まとめますと、第2の人生を迎えるにあたり、50歳から60歳までが準備期間、60歳から90歳までの30年間が、第1の人生の20歳から50歳の活動期に相当します。

「そんなに長く元気でいられるの？」といぶかる方もおられると思いますが、考えてみてく

ださい。私が若い頃は、60代の人は見るからに老人で、70代になるともうヨボヨボ、腰が曲がってフラフラしていました。それがいまや60代はピンピンしていますし、70代になってもスポーツをし、知的好奇心を満たすために外出や旅行をするなど積極的で、若い人たちよりもむしろアクティブです。そして実際に、顔を見ても若いものです。

現在ではまだ80歳代になるとやや体力が落ちますが、あと20年もすれば80歳代の人がいまの70歳代の人のようになるのは間違いありません。

50歳からの人生の目標を決める

では、第2の人生をよりよく生きるためには何が必要か。

それは、第2の人生における「自分の目標を決める」ことと「健康ではつらつとして動ける」ことです。この2点が、非常に重要になってきます。

ここでまず、私が第2の人生をどのように準備し、「自分の目標を決める」に至ったのかについて、1つの事例として触れておきます。私は50歳を境にして転職し、職業も変えているので、第2の人生のよい事例だと思うからです。

皆さんは想像できないかもしれませんが、私は、内臓に障害をもって生まれました。２歳の時に手術をして一命を取り留めましたが、私の父は「邦彦は20歳までは生きられないだろう」と半ば諦め、それを聞いた母は陰で泣いていたと聞きました。

生まれつきひ弱だったという事情があったため、私は人生について考えるのが人より少し早かったようです。

それでも学生生活を終えてサラリーマンになってから32歳までは、世間一般の価値観に沿って生きてきました。学校が休みになれば喜ぶ、会社が休みになればうれしい、という普通の感覚で生きていたのです。自分は何のために学校に行っているのか、何のために会社で仕事をしているのか、まったくわからずに生きていたわけです。

ところが、32歳で転機が訪れました。当時の私は旭化成工業の社員として原子力関係の研究をしていましたが、突然、自分の人生について目覚めたのです。

それは、同僚たちと一緒に、東京から大阪へ出張に行った日のことでした。３、４人で出張した時には、大阪のホテルに着いて荷物を置いてから一緒に食事をしに行くのが常でした。いつも研究室で一緒に苦労している仲間ですから、その仲間たちと出張するのは旅行気分です。食事は楽しいし、食事のあとは当時「キャバレー」と呼ばれていたクラブに行ったものです。ホステスさんとダンスをするのが流行していました。

その日も、同僚たちは出掛けたのですが、私は仕事のために英語の論文を読む必要があったので、「俺は、今日は行けない」と断りました。

ふつうに考えれば、ホテルに1人で残って英語の論文を読むよりも、仲間たちと一緒に飲んで遊ぶほうが楽しいに決まっています。

ところが、深夜零時近くになって仲間がホテルに帰ってきた瞬間に、私は、自分が何をしたいのかをはっきりと知ったのです。つまり私は論文を読みたかった。仲間と飲んだり、女性がいるクラブで遊んだりするよりも、ホテルで論文を読むほうが楽しかったという厳然たる事実に気づいたのです。

考えてみれば、仲間とともに飲食をするのは愉快だけれども、酒席で話題になるのは上司の悪口や会社の愚痴と決まっていました。それに、キャバレーに行って自分の母親と同年齢の女性と話をしても、実はそれほど楽しくは感じていなかったのです（笑）。それよりも、私は自然現象に興味があったので、自然科学の論文を読んでいるほうが楽しく、かつ、時間を有意義に過ごせたのです。

これは、私にとっては衝撃的な事件でした。振り返ると、それまでの私は人生で、「自分がやりたいこと」をしてきたのではなく、世間一般で考えられている、「こうやったほうがいい」「このほうが得だ」などという〝他人の常識〟の道を歩んできたにすぎないと気がついたのです。

「そうか！　これまでの人生は、自分の人生ではなかった」と深く反省し、見直して、それから40歳までの8年間は、「自分のやりたいことは何か」を探りながらの人生になりました。つまり、32歳にして自分の人生に目覚めた私は、「40歳までに訓練をして、自分の生きるべき人生を生きよう」と思いたったのです。そして現実にも40歳で、私の人生は何のためにあるのか、何をしなければならないのかを知り、それを実行できるようになっていたのです。

40代は人のイヤがることもする

会社員というものは、会社の収益を上げること、そして自分の出世を考えるものです。もちろん仕事をすることによって世の中を良くするということもあるのですが、自分自身も「前向き」の人生を送ろうとします。

なぜ「前向き」の人生が当時の自分に必要かというと、人間の第1の人生は「生物」として生きているからなのです。生物というのは、厳しい競争の中で生き残るもので、他の生物のために犠牲になるなどの余裕はありません。

これと同じで、第1の人生は「生物的に意味のある人生」ですから、時には他人を蹴落としたり、出し抜いたりすることもあるのです。

また、子供も高校、大学進学など学業やスポーツなどに励まなければならない時期ですので、家族として協力して全力を注がなければなりません。つまり、自分の健康、家族の健康、仕事、勉強、出世、持ち家のための借金……などすべてについて全力を挙げる時期なのです。だから、ちょっとした体の不調などでもドキッとしますし、ある意味ですべてが緊張感をもっている人生の時期であるのが第1の人生の大きな特徴です。

でも、この時期、人生に挫折して競争から離脱しなければならないこともあります。会社の仕事や人間関係がうまくいかずに悩んだり、落ち込んだり、運の悪い時には「窓際族」になったりすることもあります。でも、それは「本当の自分の第1の人生」を理解していないことも関係しています。

私が偶然に32歳で経験したように「本当に自分がするべきこと」が見つかっていれば、たとえ出世や人間関係でうまくいかなくても、「自分のするべきことをする。他人がそれをどう思うかは別」という境地になることができるのですが、普通は、「第1の人生」の目的をあまりにも強く意識しすぎて、生命財産にはさほど大きな影響がないことでも、過剰に反応してしまうことがあるのです。

その意味では、第2の人生を考えることは、第1の人生にも大きな影響を与えることがわかりますが、それは40代後半ぐらいになるとさらにはっきりしてきます。

私の場合は、40歳代の後半から、お金や名誉、出世などと、自分の人生を切り離そうと心がけました。もともとその手のものを目指して研究していたわけではないこともあったのですが、誰かに何かを頼まれた時には、たとえば人間関係や自分の損得、仕事の大小などを考えずに、ともかく引き受けるようにしました。

そうすることで意図したわけではなくても、人付き合いが広がります。これが後々の第2の人生にスムースに乗り移れることになったのだと今では思います。

「なんでも引き受ける」というモットーで仕事をしていますと、いつのまにか社内で「いざという時の武田」と言われるようになりました。仕事面でも、人間としても信頼されるようになったのです。そうこうしているうちに、誰も引き受け手のないイヤな仕事が私に回ってくるようになりましたが、それもすべて引き受けました。すると、社内での私の評判は良くなり、それを目的にしていないにもかかわらず、順調に出世階段を昇りました。

この40歳代後半の生活のパターンを後になって考えると、第2の人生のよい助走期間になったと思います。

そして、私は50歳直後の1993年10月、会社を辞めて、芝浦工業大学工学部教授に転身したのです。第2の人生を生きるためでした。

それまでの人生では私がどう思っていようと、自分は利益や出世、経済の発展などと切り離せない第1線のビジネスマンでした。つまり、生物としての活動を行ってきたわけです。しかし、第2の人生では、第2線の教育者や学者として、人や子供に教えるような仕事をしたいと思うようになりました。今、考えれば「人に感謝される仕事がしたい」ということを漠然と希望していたのだと思います。そして転職したのです。

第2の人生の準備のために私はお金や名誉、出世を切り離して、なんでも引き受けてきましたが、その結果、なんと退職した後、退職金数千万円のほかに、大学に研究費として5300万円をいただきました。

研究成果を出すためには能力が必要です。ですからもちろん、会社が評価してくださったような成果が出せたのは私に能力があったからなのかもしれません。しかし、それ以前に、私が一般的な出世欲や、自分さえよければいいといった生物としての活動だけではなく、自分の人生の目的や、第2の人生の準備のための奉仕などとともに、研究に邁進したことが幸いしたのだと思います。

50歳からは別の人生

私は、第2の人生について32歳で気づき、40代から準備をし、50歳で前述のように芝浦工業大学教授に転身しました。

正直に言うと、大学に移る時には内心、ビクビクしていました。なぜならばまだ家庭があり子供もいて、学費なども必要だったからです。

もちろん大学の先生になったら給料が大幅にダウンすることは覚悟していました。しかし、現実はその覚悟を上回るものでした。基本給はそれまでの私の給料と比べるとあまりにも少なく、私の予想を下回って愕然《がくぜん》としたわけです。最初の辞令を受け取った時、親しい先生から「武田先生、顔色が変わりましたよ」と言われたほどでした。なにしろ大学は給料が安いので、サラリーマンから大学に移ったとき、最初は給料が3分の2ほどになったのです。

この給料では、これまでのようにはタクシーを使えません。バスを乗り継いで通勤しなければいけないと思い、急いで、東京のバスの時刻表を買ったりしたものです。

でもしばらく経つと、気づきました。これまで使っていた1万円札が1000円札に変わっただけなのです。そして、実は1000円でほとんどのことができるのだとわかったのです。外国へ行く場合も、それまでは会社のお金でファーストクラスかビジネスクラスだったのが、エコノミークラスに変わりました。でも、エコノミー席では、かつてのように、キャビンアテンダントが頻繁に「お伺い」に来ないので、実に気楽な面もありました。「こんなに気楽な旅をしたことはない」と実感したものです。

私にとっては、別の人生が始まったのです。

そして私は大学に就職してからの目標を立てました。それは、第1の人生の時とは違うものに変えました。自分の立身出世とはまったく関係なく、「工学教育を良くしたい」「この大学をもっと良くしたい」という目標に変えたのです。

そのうち、大学でも活動が認められ、私は学長補佐や学長事務代などの要職に就くようになったのです。そして「大学教育のため」に毎日、夜遅くまで、学長室で仕事をしていました。

ある夜、親しい事務の職員が、「先生、学長を目指して頑張ってください」と声をかけて励ましてくれたことがありました。私は「ありがとう」とは言ったものの、ちょっと心外でした。もし、「学長になる」と目標を立てて仕事をしていたら、あれほどのファイトは続かなかったと思うからです。でもその時、「この大学を良くすることが目標」とは、その職員に言えませんでした。他人が聞いたら、歯が浮くような言葉なので、私の本心は伝わらない。それで、胸の内にしまっておくほうがいいと思ったのです。

50歳からは何のために生きるのか

その後、私は再度、ある方の推薦により転職しました。私が就職した私立大学は、教授の定年が遅かったのですが、58歳の時に定年が63歳の名古屋大学大学院工学研究科教授に転職したのです。この転職は定年が短くなるので、大変に迷いました。なにしろ定年まで5年ほどになり、環境も激変するからです。それでも名古屋大学を選んだのは、いい大学だと評価したこともありますが、第2の人生では「自分のこと」より「自分を推薦してくれる方」を中心に考えなければならないと思ったからです

結果的にはその判断は間違っておらず、名古屋大学の定年が来ても、充実した人生を送ることができています。名古屋大学を退職したあとは、中部大学からお呼びがかかり、教授となって、現在も、同大学の特任教授をつとめています。

その間、関西の読売テレビから依頼があって、『たかじんのそこまで言って委員会』に出演するようになりました。さらに、本を書いたら2年間で１００万部のベストセラーにもなったのです。今、私は70代の半ばですが、先にも触れたように、私生活では毎日テニスとキックボクシングをし、テレビには1週間に4回出演し、講演は年間１５０回、著作は年に

5冊は出版しています。もちろん、大学教員としても現役です。

私は第2の人生を生きるために、「健康ではつらつとして動ける」ことを心がけ、常に「自分の目標」を明確にしてきました。そうしてその時その時で、自分に最適な仕事を選びました。今のところ、それではつらつと生きていますが、それは自分の健康を自分で管理し、自分の人生の目標を「自分の欲のためではない別のもの」に置いているからです。

この「自分の欲のためではない別のもの」というところは重要です。

私が大学に転職した理由を「人に感謝される仕事がしたい」と漠然と思ったと先に述べました。これも同じ意味です。

これこそが第2の人生で「自分の目標」を決める時に必要な指針になります。

先にも述べたように人間の50歳以上は「生物として生きている意味」がありません。すると、50歳以上は何のために生きているのか。

50歳以上の女性は「生物として生きている意味」はないけれども、「お世話」をすることで生きる意味ができると言いました。

では男性はどうなのでしょうか。残念ながら男性の50歳以上は、生きる意味が今のところ見つかっていません。次章で生物の「寿命」について整理しますが、男性も女性の「お世話」と同じで、第2の人生では「自分」ではなく、「仲間、社会」などに貢献することがその中心になるべきなのでしょう。

ここまで、第2の人生について本格的に説明する前に、私の人生の体験を中心に簡単に整理してきましたが、ここからはさらに、第2の人生を送る上で最も大切なこと、第1の人生ではほとんどの場合は自然に達成されていたことを述べていきます。それは、「健康ではつらつとして動けること」のためには何が必要か、です。

この知識が第2の人生のためにどうしても必要なのです。なぜなら、現在の社会には「第1の人生」だけしか概念がないので、健康についても第1の人生に焦点が合っているからです。だから、これから示すことの中には、これまで一般的に考えられてきたことと大きく異なる場合もありますが、それは「現在の健康論が第1の人生の健康に対してのもので、第2の人生ではそれが全く違う」ということからくるので、その点に注意をしてください。

50歳からの「健康」とは

私は生まれつき病弱だったと言いましたが、今も体は強いほうではありません。それでも70代で、若い人たちと同様に元気に活動できています。

それには秘訣があって、実は第2の人生では、人生の目標だけでなく、健康についても、第1の人生とは異なる考え方をすることが必要です。

第2の人生では、私の例で少し述べたように、人生の目標や生き方が大幅に変わってきます。同時に、「生物として生きている意味」がなくなった人生だけに、健康や体力、生命に対する考え方は、それまでの人生とはまったく変わってくるわけです。

第1の人生では、女性は出産すると、赤ちゃんに3時間おきに授乳しなければならないため、寝不足になります。そこで、女性の体は妊娠すると、短時間で寝たり、起きたりしやすくなります。寝付きが悪い、起きたあとにすぐに寝られないという癖がなくなります。出産に備えて、少しずつ体が変わってくるからです。その後、子育てが終わり50歳近くなると閉経してホルモンのバランスが崩れたりしていきます。

男性の体も変わってきます。青年期には、やがて戦わなければならないということで、筋肉がつき、足が速くなりますが、50歳近くになると筋力が衰えていきます。

つまり、50歳という年齢を境に男女ともに、「生物として生きている意味」がない体に変わるわけです。簡単に言うと、神様が人間の人生の意味に沿って、体を変化させてくださるのです。だから体は自然に発達したり、逆に衰えたりと、変化していきます。

その変化の大きさなどには、もちろん個人差があります。ですから一概には言えませんが、まずは「健康診断を止める」という考え方も必要になってきます。

私が50歳で転職した時、医師をしている義兄と健康について話す機会がありました。その時に義兄が、「50歳になったら、健康診断をやめたほうがいい」と言いました。私も義兄と同意見で、健康診断は必要ないと思ったので、50歳で健康診断をやめました。それから25年以上、私は健康診断をしないまま現在のところ健康に過ごしています。

このように判断したのには、実は理論的な裏づけがあります。

フィンランドのヘルシンキで、１９７４年から15年かけて、約１２００人の被験者を対象に健康追跡調査を行いました。

その健康追跡調査では、40〜55歳の管理職の男性を約６００人ずつの「介入グループ」と「非介入グループ」の2群に分けました。

そして、「介入グループ」には、定期的に健康診断を5年間実施して、血圧や血中の脂質が目標より高い人には治療薬を施し、食事や運動、喫煙、アルコールなどの摂取について生活指導が行われました。

そして必要に応じて、脂質異常や高血圧に対して投薬が行われました。

彼らはいわば「真面目グループ」です。

もう一方の「非介入グループ」には、健康調査票に自己評価して記入する以外は、自由にさせました。こちらはいわば「勝手グループ」ですね。

そして、両グループともに、５年間経過したあと、その後の10年間は経過観察が続けられました。

55〜70歳になった被験者は、どちらのグループの人が健康だったと思うでしょうか？

当然ながら誰もが、健康診断を受けて真面目に健康管理をしているほうが死亡率は少ないと思うでしょう。血圧も適切に管理している「真面目グループ」ですから健康でないわけがないと思います。

ところが、結果は予想とはまったく逆になったのです。死亡率が低かったのは、「非介入グループ」、つまり「勝手グループ」のほうでした。なんと勝手気ままに生きる人たちのほうが、健康で長生きだったのです。倍まではいきませんが、かなり差ができました。

このような結果が１９９０年代に公表されると、世界中に衝撃を与えました。それは〝フィンランド症候群〟と呼ばれたほどでした。この調査に対しては様々な評価や批判もあり、「フィンランド症候群などウソだ」という意見もありますが、私は人間の体の複雑な仕組みを考える上で、重要な示唆を与えると考えています。

普通に考えられていること、つまり健康診断をしたり、健康のために摂生したりする生活は、健康に悪影響を与えるのかもしれませんし、その可能性があるということです。

つまり、もともと私たちが考えている「こういう生活をすれば健康になる」「ヘルシーな生活」ということ自体が、科学的に間違っているのではないかということです。また、特に強調しておきたいのは、年齢にも関係なく、誰にとっても「ヘルシー」という概念があるのか？　ということも考えられます。

さらにもう1つ、やはり50歳前後の人はそれまでの人生を生きている人とは健康管理の方法が違ってくるのではないかとも考えられます。つまり第1の人生と第2の人生では、健康管理自体が違ってくるのではないかということです。この健康追跡調査はちょうど、生物として生きている意味がなくなる50歳前後の年齢を対象にして始まっています。第1の人生の最後はすでに生物として死ぬ準備が始まっていますから、50前後の健康は、第1の人生で「前向き」に生きている若者とは大きく違います。だから健康診断や健康のために摂生する生活、あるいはコレステロールや血圧の管理が悪影響を与えたのかもしれないとも考えられるということです。これについては第3章以降で詳述します。

これまで見てきたように、人生は2度あります。つまり世間で言われる「老後」はなくて、生物として生きる意味を失った50歳からの人生があるということです。

そして2度目の50歳からの人生には、その人生の目標、生きる意味と、それを達成するための土台として第1の人生とは異なる健康に関する考え方が必要だということです。以降に具体的に論じていきます。

第2章

「寿命」のウソ

最初の命は「寿命」がなかった

私はこれまでに第2の人生については、「生物として生きている意味」がないと述べてきました。その「生物として生きている意味」を理解するためには、本来の生物の寿命というものについて知ることが必要になります。最初にできた命は実は寿命がなかったというところからお話ししようと思います。

命は、地球が誕生して約8億年後の今から38億年前に誕生したと言われています。この本を執筆している途中に、39億5000万年前と思われる生命の痕跡が見つかったので、そのうち少し変わる可能性もありますが。

最初に誕生した生命には、寿命がありませんでした。死なない命で、無限の寿命を持っていました。命は必ず滅するのではなく、命は石ころと同じで、いってみればずっと続くものだったのです。

現在の生物は寿命があるので、「寿命がない生物」というのも分かりにくいのですが、おおよそ次のようにとらえればよいと思います。

たとえば私という人間は、だんだん年を取っていきます。でも、年を取らない方法というのがあるのです。赤ちゃんのときにできた皮膚は定期的に入れ替わるのですが、入れ替わるときに原理的にはそれまでの皮膚と全く同じ皮膚に入れ替えることできます。同じ皮膚に入れ替えれば、いくら年を取っても同じ皮膚のまま、赤ちゃんのような皮膚のままです。

ところが不思議なことに、現在の生物は、年とともに皮膚にシワがよってきます。それは、わざわざシワのある皮膚を作るからです。どうせ新しく皮膚を作るのですから、シワのないツルツルの皮膚を作ればいいのですが、作らないのです。わざわざ年を取るように作り直すのです。

つまり、生物というものは、毎日、自分の体を新しくし続けています。だから、年を取ると体が弱ってくるというほうが奇妙で、本来は毎日毎日、体を入れ替える時に元に戻せばよいわけです。皮膚や筋肉はもちろん、骨のように硬いものでも、毎日、骨を溶かしてカルシウムを尿として放出するのです。それで新しい骨を作っています。

ですから、20歳の時の体を気に入ったら、「よし、これで行こう！」と決めて成長を止め、その体のままでいることができるはずなのです。すると私は20歳の時のままの体で、５００年でも１０００年でも生きられることになるのです。にもかかわらず、生物は少しずつ年を取るように体を作り変えているのです。

でも、大昔の最初の生命はそんな凝ったことをしませんでした。同じものに作り直していました。これが最初の生命に寿命がなかったと述べた所以です。つまり、最初に誕生したものと同じ組織を作り、入れ替え、そのままの状態を保っていたということです。

いわば自分をリニューアルしていたのです。

ところが、地球には気候変動などの環境の変化が何度も起きてきました。たとえば、極寒や高温、乾燥、二酸化炭素の増減などありとあらゆる変化がありました。すると、あるエサを食べていた命は、そのエサが取れなくなる。そのままでは絶滅する危機を迎えることになります。

出来立ての生命は、無限の命を持っているように見えたのですが、実はちょっとした変化で全滅し、また最初からやりなおしになったのです。気候が変わり、食料が取れなくなって、次々と種が絶滅していきました。

親は死んで子供は生きるという現象

長い長い時間が過ぎ、最初の生物も少しずつ進化して、自分の命を延ばしたり、自分の体を部分的に切り取って同じ自分を作るという「無性生殖（単性生殖）」ができるようになりました。でも、自分が自分を作るのですから、それまでに老化した部分がそのまま引き継がれたり、環境の変化に追いつかずに全滅したりして、十数億年前には生物は危機に瀕したと考えられます。

そのうち、非常に優れた機能を持った生物が誕生します。その優れものは、体の中にあるDNAという命の設計図をそのまま子孫に伝えたら、環境の変動などによって、自分たち一族がすべて死に絶えてしまうことに気がつきました。そして、メスと異なる遺伝子を持ったオスを作り、「有性生殖」をするようになりました。２つの違った遺伝子を半分に切って、それをつなぎ合わせて子供にするのです。男と女の誕生です。

そうすると、たとえば「寒さに強い遺伝子」と「暑さに強い遺伝子」を持つ命ができてきます。遺伝子をいろいろつないでいると、そこからできた子供は「寒さに強い子供」と「暑さに強い子供」ができます。

すると気温が下がってきた時には「寒さに強い子供」だけが残ることになります。

同じように、ある食料をエサにしていた命が、別のエサも食料にすることができるようになります。

体の全部を作り替えることはできないので、遺伝子の半分をつなぎ合わせて、少しずつ変化していくわけです。「トンビが鷹を生む」と出来の良い子供が生まれた時にお父さんが言ったりしますが、自分の遺伝子と別の遺伝子を組み合わせて、自分とは違った命が生まれてくるわけです。「俺は頭が切れないけど、俺の子供は頭はいい」という感じです。「俺は足が遅いけれど、多くの子供のうち1人は抜群に足が速い」というようなことが起こります。そうして、環境が変化しても生き残れるようにしていった大発明のおかげで、どんな危機が来ても、体を徐々に変化させて対応するようになったのです。

徐々に体は変わっていき、たとえば気温が下がってくると「寒さに強い子供」が残り、その親は寒さに弱いので死んで世代交代をします。親は死んで子供は生きるというわけです。

自分のリニューアルをやめた命

現在でも、ある程度、原始的な性質を持っている生物が残っています。たとえば、ミドリムシという鞭毛虫《べんもうちゅう》の仲間がいます。体内に葉緑体を備えていて、光合成によってエネルギーを得ています。

このミドリムシは、環境に変化がなく、気候が生存に適している時は、単性生殖を行って、自分とまったく同じ遺伝子で体を新しくします。ところが、気候が変わったりして危機がくると、オスとメスに分かれて有性生殖をして、環境に適応した新しい命を作り、それが生き残ります。環境がいいときは単性生殖でオスもメスもない。環境が厳しくなると、たとえば食料が取れないとか気候が変動したとなると有性生殖を始めるのです。

また、「プラナリア」という多細胞生物を観測してみます。このプラナリアは、細い体をした小さな生き物ですが、環境が良い時には、自分の体を切り取ってそこから新しい個体を生み出します。たとえば、シッポの一部を切り取ると、そこから上半身、頭の部分が再生されて、立派な1つの個体になります。この個体は「子供」ではなく、「親の複製」ですから遺伝子も変わっていません。

自分が自分を作るということで、体は同じものができますが、それまでの記憶は脳の部分にあるので、消えているとされていました。しかし、最近の研究では記憶も残っているという結果も得られています。もし、体も同じものができ、記憶も残っているとすると、本当に「永久の命」の生物と言えないこともありません。

ところが、この同じプラナリアを食料が不足する状態に置くと、体内に精巣ができるものと卵巣ができるものに分かれ、それがセックスして2つに切った遺伝子を結合させ新しい生命（子供）を作るのです。つまり、厳しい環境になると、それを乗り切るために新しい性質を持った個体（子供）を作るのです。

でも、生物はその後、作戦を変えたのです。環境が変化するとどうせ子供を作らなければならないとなると、自分の体をリニューアルすることはやめた。そして、自分の子供を自分と似ているようで少し違うように作ることができるようにしたのです。

そうなれば、もう自分自身の体はリニューアルする必要はありませんから、人間で言えば、「自分の体は皮膚も骨も弱くなってよい、ということになります。だからたとえば、「自分の体は1年もてばいいや」と1年で弱っていく、ボロボロになっていくようにして、1年経ち、環境に変化がなければ自分と同じ子供、変化すれば少し違う子供を作るようにしたのです。

するとその子供は、新しい体として生きていけます。つまり、自分はリニューアルせず、子供に命をつないでいくという形にしたのです。

これが「生物の寿命」というものなのです。

"死のスイッチ"が入る理由

ところで、生物（動物）には一匹一匹、つまり「個」としての存在と、集団、つまり種としての存在の2つの意味があります。有性生殖が始まってから、動物には、

（1）「自分」が生きる、

（2）オスとメスのつがいで生きる、

（3）集団を構成して生きる、

の3つがそれぞれ必要です。

人間は中途半端に頭脳が発達しましたので、人間には「自殺」（自分の否定）、「独身」（ペアの否定）、「引きこもり」（集団の否定）などがありますが、それは自分というものの本質がよくわかっていないから幻想を抱いているにすぎません。本来の動物は何も考えずに、一所懸命、エサを探し（自分の存在）、ペアを獲得するのに争い（異性の獲得）、そして集団のために命を投げ出すなどの活動をしています。それは実に真摯です。

自分を守るとかペアになるために努力するのは、ある意味で当然のように思いますが、集団としての動物の行動についてもう少し考えてみましょう。

動物の命は個別に決まっているように思えますが、まずは「食料一定の原理」が影響をもたらします。ある動物の親が生まれて10年で子供を産み、10年で子供を育てるとします。するとその動物の体は20年が基準になるように設計されます。

なぜなら、その動物の食料が一定だからです。食料が一定である場合、親が子供を育て終わっても生きていると、子供が獲得できる食料が不足するからです。だから、親が死んで、子供が生きていけるようにしなければならないというわけです。そうすれば、群れは一定の数を維持できます。

つまり親は死ななければならない。だから有性生殖の場合、「寿命」があります。

子供を作るということによって、「寿命」が誕生したということです。本来は「無限の命」は存在しそうなものですが、その動物全体としては不都合なのです。

こうして、まず「寿命」というものができました。自分の遺伝子を子供に半分残しながらも、子供が育ったら、自分は寿命が尽きる。子孫を残すようになってから〝死のスイッチ〟が入るようになったのです。「寿命」は健康かどうかとは無関係というわけです。

これが、私が言う「50歳を過ぎたら生物として生きている意味がない」ということです。つまりは本来、人間の第2の人生は、すでに子孫を残して、自分の〝死のスイッチ〟が入っている状態だということです。

子孫を残すようになって「寿命」ができた、「死のスイッチ」が入るようになった――と言うと、「私には子供がいないのに、なぜ〝死のスイッチ〟が入るの？」と反論される人がいるでしょう。これもとても重要なところです。

生物の原則には個体差は持ち込めません。生物は、常に「個」であるとともに「集団」だからです。生物の中には見かけは個別に行動するものもありますが、その群れの社会の動きの中で生まれ、死にます。「群れあって個あり」という感じです。

ですから、群れの同世代が子孫を残す、つまり〝死のスイッチ〟が入る時期になると、子孫を残せなかった個体も、群れと同じように寿命を迎えるのです。

経験数一定の法則で〝死のスイッチ〟が入る

生物は、基本的に子供を産んで育てたら「寿命」がきます。これが大原則です。この大原則をもう少し詳しく説明すると「寿命」には３つの原則が存在します。

（１）経験数一定の法則で〝死のスイッチ〟が入る
（２）子供のために親の〝死のスイッチ〟が入る
（３）仲間に貢献しないと〝死のスイッチ〟が入る

これらが理解できると、第２の人生を有意義に生きられると思います。

まずは、１つ目の「経験数一定の法則で〝死のスイッチ〟が入る」です。

私は科学者なので、ネズミとゾウの生活と寿命を観測すると次の疑問が生じます。

「ネズミとゾウは体の作りは同じなのに、なぜこんなに寿命が違うのかなあ、おかしいなあ」

でも、普通の人はそうではなく、単にネズミは２、３年で死ぬものだ、ゾウは長生きするものだと思っているようです。

ここで「経験数一定の法則」について考えてみます。

神様は、すべての哺乳類について、一生のうちに一定の経験数を与えていると考えられます。たとえば、一生のうちに振り返る回数は3万回、食事は8千回などというように経験数を一定にしています。その合計が限界に達すると、〝死のスイッチ〟が入ります。病気で死ぬのではなく、経験数が一定になると死ぬのです。

「経験数一定の法則」はいろいろな動物でわかっていますが、多くの方がご存知のネズミとゾウの例をとって、整理をしてみます。

ネズミとゾウの場合、体の大きさはずいぶん違いますが、どちらも哺乳類で、体の構造は似ています。ネズミはすばしっこくて、チョロチョロ動きますが、ゾウは振り返るのも歩くのもゆっくりです。この運動の速度を測定すると、その比率で寿命が決まっていることがわかります。すばしっこいネズミの寿命は1年で、のろまなゾウは20年以上も生きてやっとネズミの経験数と同じレベルまで行きます。もっとも、人間やゾウのように頭脳が発達している動物は、「経験数一定の法則」で考えられる時間よりも少し長生きする傾向があります。それは頭脳が発達しているがゆえに、危険をあらかじめ回避することができるからだと説明されています。

つまり、運動神経のいい動物は早く死んで、運動神経の悪い動物は長生きをするわけです。ネズミは、短命だけに、体が新しい状態のまま死に、それに対してゾウは、長命だけに、体がくたびれて死にます。ですから、「老化する、しない」で死ぬのではなく、経験数が一定で死ぬと言えます。

この「経験数一定」は、動物によって時間の流れの速さが違うという説明もなされますし、また脈拍を例にとって計算がされたりしています。

古来、小さい動物は短命で、大きい動物は長生きすることが知られていましたので、たとえば「亀」は「小さい体のわりに長く生きる」ということで「亀は万年」と言われ、おめでたい動物としてよく正月の絵に登場したりしています。

著者が亀の体の大きさと細胞代謝速度（体を動かす速さに比例する）を勘案して計算したら、亀は特別に長く生きるのではなく、動作がのろいので、長く生きないと「経験数一定」にならないということがわかりました。だから、おめでたい動物ということで、ご自宅に亀の絵を飾っている読者の方で、もし、子供がおられる場合は、「のろまになりなさい」と言っていることにもなるので、私は外したほうがよいと思います。

子供のために親の〝死のスイッチ〟が入る

2つ目の原則は「子供のために親の〝死のスイッチ〟が入る」です。

2016年、大阪市の市立中学校の校長先生が生徒たちに次のような話をして退職させられました。

「女性にとって最も大切なことは、子供を2人以上産むことです。これは仕事でキャリアを積むこと以上に価値があります。なぜなら、子供が生まれなくなると、日本の国がなくなってしまうからです。しかも、女性しか子供を産むことができません。男性には不可能なことです。(中略) 次に男子の人も特によく聴いてください。子育ては、必ず夫婦で助け合いながらするものです。女性だけの仕事ではありません。人として育ててもらった以上、何らかの形で子育てをすることが、親に対する恩返しです」

そして、「今しっかり勉強しなさい」と結んでいます。

極めて真っ当な考え方であり、正論です。しかも、子供に恵まれない事情がある女性に対しては、「親に恵まれない子供を里親になって育てることはできます」とか、男子生徒には「夫婦で助け合い」と諭しています。さらに、子供を2人以上産んだ女性には、「『無料で国立大学の望む学部を能力に応じて入学し、卒業できる権利を与えたら良い』と言った人がいますが、私も賛成」とまで、女性に配慮する内容でした。

しかし、この見識ある発言をした校長先生は、「男女平等に反する」「軍国主義者」などと非難されて、退職させられてしまいました。

この事件では、非難した側がまったく生物としての人間の意味を理解していません。生物としての女性にとっては、子供を産んで「命を守る」のは人生で最大の仕事です。ほかのことは、出産・子育てに比べれば、10分の1とか、100分の1しか価値はありません。ここまで説明してきたように生物はみんなそうなのです。

よく命は大切だと言いますが、そこで言う「命」は「個体の命」ではありません。

私の命は、いくら病気をしなくても50歳で死ぬか、100歳で死ぬかというレベルの違いしかありません。まさに五十歩百歩です。しかし、私の命は両親から授かりました。そして、私の命は子、孫と続いていきます。そうするとずっと命が続くことになりますから、これが有性生殖になった時から始まった質的にまったく異なる「命」なのです。

命が続いてきたからこそ、ホモ・サピエンス（新人類）が誕生してからだけでも何十万年も命が続いて、今の私があるのです。生物にとって大切なのは、そういうつながっていく「命」です。

出産・子育ては、人間を含む生物にとって、生涯で最大の出来事であるからこそ、親は子のために、命がけで出産し、子供が育ってから死んできました。

この本で、まさに子供を産み、育てて、50年で「生物として生きている意味」のある第1の人生が終わると言ってきたのはそういう意味です。

私のように50歳以上で生きている人、第2の人生を生きている人は、生物の寿命の原則に外れています。だから、第2の人生にある人は、自分たちを「生物」だとか「高齢者」と呼んではいけないと言っているわけです。

サケに見る子供のための〝死のスイッチ〟

そのような具体例は生物界には多くありますが、1つが川に帰ってくるサケ（シロザケ）です。サケは、川の上流で孵化し、稚魚となって川を下ってから海で成長し、産卵から3〜4年で生まれた川に帰って来ます。産卵時期になると川を遡上し、上流でオスとメスがお見合いをします。

ちなみに、サケのお見合いは結構、時間がかかります。サケは好みがうるさいのです。何回も何回もお見合いをして、「このサケがいい、連れ合いになろう」という感じでかなり面倒くさいのですが、そうして連れ合いを見つけます。

連れ合いが見つかるとメスが川底に尾で穴を掘って卵を産みます。すかさず、少し斜め上くらいにいたオスはそれに射精し、卵子を受精させます。

なぜ、すかさずオスが射精するかというと、川には流れがあって卵子が流されるからですが、もう1つ、メスに振られたオスが近くにいて油断できないというのもあります。メスが産卵すると、振られたにもかかわらず「射精しちゃえ」というオスがいる。それに負けてはいけないから、お見合いで連れ合いになったオスが、振られたオスが来る前にすかさず射精するというわけです。なかなかサケの生存競争は熾烈です。

サケのオスもメスも、産卵行為を終えると〝死のスイッチ〟が入ります。数日間、産卵床を守ったのちに両方とも死んでしまうのです。

もし仮にサケのオスとメスが、片方は人間でいう脳溢血、片方が心臓病であったとしたら、一緒に死ぬことはあり得ません。ですから、一緒に死ぬということは〝死のスイッチ〟が入っている証拠にもなります。

これは、サケは産卵を終えると寿命が尽きるように「アポトーシス（細胞死）遺伝子」がプログラムされているからだと言われていますが、まさに〝死のスイッチ〟だと言えます。

サケの仲間には、ヤマメやイワナのように、複数回産卵する種類もありますが、産卵できなくなると、やはり親は死にます。

なぜそのように〝死のスイッチ〟が入るか。

それは、やがてサケの卵は孵化して稚魚になりますが、川には栄養がないからです。サケの稚魚は、死んだ親たちの腐敗した肉や、親の体を栄養源として育った植物プランクトン、それをエサとする動物プランクトンや昆虫などを食べながら川を下ります。

つまり、サケの親はまだ生きられるのに、子供の命を守るため、自らの体を子供の栄養源とするために死ぬのです。子供が餓死しないために、まだ生きられる命をそこで切って、死んでしまうということです。

人間以外の哺乳類は、出産ができなくなると、サケのように死にます。ほとんどの生物がそうです。だから、「生物として生きる意味」を持っているのは人間も50歳だと言っているのです。私がよくテレビなどで「50歳以上の男には生きている意味がない」と言っているのは、まったく理解されませんが、こういうことです。

だからこそ、第2の人生では第1の人生と同じように生きてはいけないのです。

仲間に貢献しないと〝死のスイッチ〟が入る

さて、難しいのは3つ目の「仲間に貢献しないと〝死のスイッチ〟が入る」です。人間以外の哺乳類では、メスは閉経すると、〝死のスイッチ〟が入ります。では、オスはどうか。

大きな哺乳動物に一夫多妻が多いのは、強いオスの遺伝子を残すという意味もありますが、もっと大きな意味があります。それは、口減らしです。子供を作る権利を失ったはぐれオスは、その時期に死にます。

たとえば、10匹のオスと10匹のメスを生かしておくと、20匹分の食料が必要になります。ずっとその20匹の群れを維持しようと考えると、メス1匹当たり、5匹くらいの子供を産まなければいけません。子供は途中で死んでしまうこともあるので50匹産むとします。

そうするとオスは1匹でも精子の数は多いので、10匹生かしておく必要はない。1匹だけでいいのです。だからボス争いをさせて、1匹だけ残したあと、いなくなってもらうというわけです。オス1匹、メス10匹が残り、あとのオスは死にます。

つまり、群れ全体のことを考えて9匹のオスに〝死のスイッチ〟が入って死ぬということです。

こういうわけで、「仲間に貢献しなければ〝死のスイッチ〟が入る」ことになります。子供を産まなくなったメス、子供を産む権利を失ったはぐれオスは死ぬということになり、これは実に合理的なことなのです。

生物のメスが閉経後に死ぬのも、オスと同じように、集団に対して貢献しなくなるからだと私は考えています。もし、閉経したメスが生きていると子供を産まないけれども、エサは食べるということになるからです。

こうして見てきたように〝死のスイッチ〟が入る時というのは3つのパターンがあります。

経験数一定の法則で〝死のスイッチ〟が入る。

子供のために親の〝死のスイッチ〟が入る。

仲間に貢献しないと〝死のスイッチ〟が入る。

人間も生物ですから、子供を出産し、育てるのが生きるうえでの主目的であることは確かです。だから、親は出産・子育てをし、生計を立てるために一所懸命働きます。これが第1の人生です。

ところが、人間の寿命は長くなり、出産や子育てを終えても生きるようになりました。哺乳類で、出産・子育てを終え、閉経した後も、メスが生きているのは、人間だけです。

でも、出産できなくなった人間の女性が生きているのは、先に説明したように、「お世話」をするという意味があるからだということがわかってきています。たとえば、孫の世話、他人の子供の世話、スーパーのレジにやってくるお客さんの「お世話」、おじいさんの看病……。女性は、本能で「お世話」をしたくなります。それが第2の人生を女性が生きる理由だと考えられます。

それに対して、男性の50歳以上、第2の人生はオスとして生きる資格がなくなります。それなのに男性が生きている意味は、今のところはわかっていません。ただし、ある程度は推測できます。

男性はどうも社会的に必要なのではないかと思います。たとえば、台風や大雨の時、堤防や橋、田んぼ、畑などの安全を確かめに行って、亡くなったことがニュースになるのは、たいていおじいさんです。

激しく雨が降る中を、蓑笠つけて、「田んぼを見てくるよ、ばあさん」と声をかけると、おばあさんは、「おじいさん、こんな雨の中を行ったら危ないから、やめなさい」と引き止める。それでも、おじいさんは、言うことを聞かずに出て行きます。

70歳代、80歳代のおじいさんが、ひとりで荒れ狂う川や増水した田んぼを見に行っても、ほとんど役には立ちません。下手をすれば、川に流されて死ぬだけです。でも社会の役に立とうと思って死ぬ。これは50歳以上の男性の素晴らしい生き方です。

極端に言えば、こういう「仲間に貢献する」献身的な行為が、50歳以上の男性の重要な役割の1つではないかと思われます。つまり、社会の役に立つことをするのが生きている意味と考えられます。

長寿のために必要なこと

また、こうも考えられます。日本人は、現在では女性がだいたい90歳まで生きる。男性はだいたい80歳まで生きます。夫が妻より年上の場合が多いのですが、それでも、女性のほうが男性よりも平均寿命が10年近く長いのはなぜか。第2の人生では、生きる意味がある女性がまだ生きているから、そのためにこそ男性が生きていられるのでしょう。つまり、女性にサービスをすれば男性は生きていられるということになります。

男性は女性の友達を作り、女性の友達を食事に誘い、美味しいごはんを食べてもらい、そして勘定は自分で払う、これが鉄則です。そうすれば生きている意味ができて、健康にもなる。

男性の第2の人生では、今のところ生きる意味が見つかっていないと言いました。強いて言えば女性と仲間に貢献することで生きることができる。つまり、50歳以上の男性が第2の人生を生きるためには、「自分のために生きてはいけない」が鉄則です。

「俺は若い頃、活躍した」なんて自慢する動物なんていません。役に立たなくなったら死ぬだけです。そんなことを言っていると〝粗大ゴミ〟などと言われても仕方がありません。別の人生の自慢をされても周囲は困るわけです。

アメリカで、性格と寿命の関係を調べる研究が数多く行われていて、その1つに、バークマンとサイムが行った「アラメダ研究」（1979）があります。この研究は、カリフォルニア州アラメダ郡で、30歳から69歳までの男女約6930人を対象に行われました。対人関係や宗教活動、その他の組織的活動（労働・地域・政治・奉仕活動）と、死亡率の関係の調査が9年間にわたって行われたのです。

この研究では男性は、社会的なネットワークを持つ人たちに比べて、社会的に孤立している人たちの死亡率が2・3倍で、女性は、同じく2・8倍という結果が出ています。

女性は、「お世話」をすることで、社会とつながっています。もし、「お世話」をしないと、つまり社会性がなくなると、女性のほうが男性よりも死亡率が高くなる可能性もあります。

男性も、社会貢献したり、福祉活動をしたり、労働や掃除、寄附などを施している人は長寿です。機嫌が良くて、周りにニコニコしていて、家族や女性が重い荷物を持っていると代わって持ってあげたり、風呂の掃除をしたり、女性を食事に誘ってご馳走しているような男性は健康で長寿になれるのだと思います。

逆に、ブツブツ文句ばかり言っていたり、威張っていたり、過去の自慢をしたがったり、市役所などにすぐにクレームをつけたりする男性は、「生きる意味」を損なっています。「生物として生きている意味がない」第2の人生で、ますます自分の存在理由を壊しているのです。

寿命とは本来、病気によってもたらされるわけではありません。社会の中で、存在する理由がなくなると〝死のスイッチ〟が入るのです。

人間は生物ですから、自分のためだけに生きることは、絶対にできません。他人のためにしか、生きられません。だから、他人のために、仲間に貢献しなければならないのです。

したがって、第2の人生の目的は、「献身」ということが分かります。献身以外に、第2の人生を生きている意味がないこともはっきりします。献身的行為をすることによって第2の人生を生きる意味が生じて、喜びを感じ、健康になり、長寿になるのです。

第3章

「老化」のウソ

「老化」という思い込み

第2の人生の「健康」とは何なのでしょうか。

人間が生物として意味がある第1の人生でかかる病気は、たいてい外からの攻撃によって罹患《りかん》します。たとえば、細菌やウイルスが侵入して肺炎になる。エイズウイルスに感染してエイズになる。あるいは、心理的な圧迫を受けると自殺したくなります。

第1の人生は生命力そのものは強いのですが、ライオンに襲われたら食べられてしまうのと同じで、自分より強いものに襲われると体が負けてしまって病気になったり、死んでしまったりします。

ところが、50歳以上の第2の人生になり、「生物として生きている意味」がなくなると、体の機能低下という意味での「老化」が起こってきます。そして自分自身で病気を作り出していくようになります。

つまり、第1の人生で成長過程にある時は外部からの病気にかかりやすく、第2の人生で下降過程にある時には内部で病気が作られるという言い方ができます。第1の人生では「防御」が必要でしたが、第2の人生ではそうではないということです。

「老化」とは、何か悪いことが起こるというわけではありません。簡単に言えば、若い頃は100メートルを13秒で走ったけれども、現在は18秒でしか走れないということ。これが「老化」です。

50歳以上は「生物として生きている意味」がないことがずっと続いて、少しずつ衰えていくという感じだと思ってください。足が弱くなったり、カンが悪くなったり、目の動体視力が落ちてきたりしますが、これは「生物として生きている意味」がない状態が続くから出てくる症状です。

ですから50歳をすぎると、自分は生物学的な意味で人生を送っているのではなく、第2のまったく違う人生を送っているのだという意識が必要です。そうすると老化して衰退するのだという意識がなくなり、第2の人生の目標を見いだそうとする。第2の人生の目標、生き方が見つかったら、体はそれにあった準備をしますから、自然と体の機能低下を防ぐことができます。

たとえば、物忘れをするようになったとします。でも、「年を取ると物忘れをする」という考え方は、20歳の当時と比較してしまっているのです。20歳の自分と比較して、「ああ！自分は年を取って物忘れがひどくなった！」と落ち込む。

しかし、20歳と55歳の自分は、別の人生ですから、物忘れをしてもいいのです。物忘れが問題になるということはありません。

物忘れの研究によると、次の3つがあって初めて、物忘れは進行します。

●自分は年を取って物忘れすると思い込んでいる。

●物忘れをすることが増えたという錯覚にとらわれる。

●それを口に出す。

3つとも、第1の人生と比較していることがわかると思います。どれも第1の人生とは違う人生を生きていると思えばクリアできることばかりです。

それでも物忘れが気になるという人は次のことを心がけてください。

「40歳のときも同じように物忘れをした」と思うことです。「生物として生きている意味」のある人生を送っているときも物忘れという現象はあったと思い出してください。

「そういえば確か人の名前はすぐ思い出せなかったし、忘れることが多かった」と思えば、第2の人生における物忘れからも解放されます。

どんな人生にでも物忘れはある。比較するなら前向きに比較しようということです。

老化のように見える不使用をなくす

郵便はがき

100-8077

62円切手を
お貼りください

東京都千代田区大手町1-7-2

産経新聞出版　行

お名前《フリガナ》	
性別　男・女	年齢　10代 20代 30代 40代 50代 60代 70代 80代以上
ご住所 〒 （TEL.　　　　）	
ご職業　1.会社員・公務員・団体職員　2.会社役員　3.アルバイト・パート 4.農工商自営業　5.自由業　6.主婦　7.学生　8.無職 9.その他（　　　　）	
・定期購読新聞 ・よく読む雑誌	
読みたい本の著者やテーマがありましたら、お書きください	

書名　**科学者が解く「老人」のウソ**

このたびは産経新聞出版の出版物をお買い求めいただき、ありがとうございました。今後の参考にするために以下の質問にお答えいただければ幸いです。抽選で図書券をさしあげます。

●本書を何でお知りになりましたか？

□紹介記事や書評を読んで・・・新聞・雑誌・インターネット・テレビ

媒体名(　　　　　　　　　　　　　　　　　)

□宣伝を見て・・・新聞・雑誌・弊社出版案内・その他(　　　　　)

媒体名(　　　　　　　　　　　　　　　　　)

□知人からのすすめで　□店頭で見て

□インターネットなどの書籍検索を通じて

●お買い求めの動機をおきかせください

□著者のファンだから　□作品のジャンルに興味がある

□装丁がよかった　□タイトルがよかった

その他(　　　　　　　　　　　　　　　　　)

●購入書店名

●ご意見・ご感想がありましたらお聞かせください

(ご回答いただいたご意見・ご感想は広告等で使用させていただく場合があります。)

私が子供の頃は、「人間は年を取ると老化する」と言われていました。得意げに「人間は、加齢で老化するのは仕方がないんだよ。体力も頭も20歳がピークで、あとはダメになっていくだけなんだ」などと言う人がいたものです。

このような学説の多くは間違っていたということが最近の研究で明らかになってきました。どのぐらいの人が自分の体の衰えを「年齢のせいだ」と錯覚して、何も対策を打たずに、「間違った学説」の犠牲になったかと思うと、学問も罪作りだと感じます。

今、考えればバカらしい話ですが、「20歳から脳が衰えていく」という話は、「脳は脳細胞だけでできている」と錯覚したからです。脳は「情報処理装置」ですから、細胞だけでなく、細胞と細胞をつなぐ神経、それに長年の活動で作り上げたソフトも含めた総合機関です。20歳でピークを打つのは細胞数だけで、その後、脳神経、ソフトが発達し、より総合的な判断ができるようになります。20歳ピーク説は、ずいぶん幼稚な結論だったのです。

つまり、単純な脳細胞の数や筋肉、つまりハード面からすれば、確かに20歳から25歳くらいまでがピークなのですが、そこに組織の連携システムやソフトが加わってくることを忘れてはいけません。ですから人間の性能としてはやはり、45歳くらいまでは成長過程であると思っていいと思います。

専門の医師や武道家などから話を聞くと、どうも老化は、自分が頭や体を使わなくなるために起きるものだ、ということがわかってきたのです。

「老化現象」には2種類あります。1つは、人生を長く続けていると、人体を作っている材料やその反応が少しずつ劣化してくる現象で、一般の機械などで言えば「手入れを良くしてもどうしても徐々に古くなっていく」状態です。

もう1つは、手入れが悪い、あるいは不使用によって機能低下し、結果として「老化のように見える」状態です。

たとえば、20歳の若い人でも、まったく歩かずに毎日、ベッドで寝ていたら足の骨が細くなりますね。これは「老化」ではなく「不使用による機能低下」です。毎日、1万歩歩き、あるいは3時間は立っているのに徐々に骨が弱くなってくるのは「老化」です。

「老化＋不使用」を「老化」と言う専門家もいます。

それに影響されて自分の体について諦めている人が多いのに驚かされます。実は、若い頃から無理をしない程度の適切な運動をしていれば、日常的に使う筋肉はほとんど弱くならない。つまり「老化」しません。

また1日3時間以上は立ったり、体に取り込まれやすい形のカルシウムを摂ったりするように心がけていれば、骨はほとんど傷まないのです。

もちろん、高齢になってからは、20歳の頃のように、１００メートルを15秒以下で走ることはできません。それでも、80歳でエベレストに登頂した三浦雄一郎さんの例を出すまでもなく、日頃からトレーニングを積めば、老化の速度はゆるやかになって、第2の人生を、支障なく生きることができます。

ここで第2の人生の選択肢が2つあります。1つは、頭も体も「老化＋不使用」で衰えていくにまかせ、短命を甘受するという考え方です。もう1つは、少し辛い思いをして、「頭、体、骨を鍛える」ことで長寿を楽しむという思想です。

私の知り合いの一橋大学の教授は、「自分は学問が好きだから、運動はしたくない。それで終わりになれば終わりでよい」と言われていました。立派な見識だと思います。

私は体を動かすのが好きなので、頭も使い、体もある程度は鍛え、時には日光浴もして代謝もうまくいくようにし、そこそこの人生を楽しもうと思っています。そこそこの人生とはいえ、やはり「老化」と「不使用」は明確に分けて考えたいとは思います。

一流選手の引退とあなたは無関係

まずは体の老化について考えていきます。簡単に言うと、「体はかなりの年齢まで老化しない」のです。でも、筋肉や運動神経を極限まで使用するような激しいスポーツをしている人にとっては、40歳ぐらいで衰えが来ます。

この現象を、「最大のパワーを１００」として整理してみます。普通の生活では１００のうち、30くらいを使います。スポーツの一流選手は遺伝的に、また訓練によって瞬間的には80ぐらいまでその能力を出すことができるでしょう。

でも彼らが年齢を重ねて、かつて80までパワーが出たのに「最大のパワーが60」くらいになったとします。そうなると、試合に勝てなくなったり、記録が出なくなったりします。そこで引退を決意するというわけです。

それを見て一般の普通の生活をしている人が「俺も年だから」と錯覚するのです。でも、普通の生活をしている人はもともと30くらいしか能力を使っていませんから、「最大のパワーが60」になったとしても、何も問題はないはずなのです。

筋肉は継続的に鍛えればほぼ一定の状態を保つことができるようです。知り合いの武道家にお聞きしたら、むしろ年齢と共に筋肉の力は向上しているというのですから驚きます。その方は、「自分で鍛錬できる筋肉が増えるから」だと筋肉の力が向上する理由を説明されました。

骨についても同様です。医療関連の研究会に出席したところ、骨は日々、交換され新しいカルシウムの層を形成するということでした。だから良質のカルシウム（吸収しやすいカルシウムで、食物から摂取するもの）を豊富にとり、適切に骨に負荷を与えれば、若々しい骨を維持することができるのです。

もちろん内臓も同じで、お酒やタバコを飲みすぎたり、栄養のバランスを欠いたりせず、臓器の病気にならないように注意すれば、老化を防ぐことができます。ただ一部の繊維組織などであまり更新されないとされているものもあります。それは「更新されない」のか「更新する仕組みが発見されていない」のかは明確ではありません。

つまりは不使用によって機能低下し「老化のように見える」状態は、普通の人ならかなり押し戻すことができるということです。適度な負荷（運動）やストレッチなどの刺激、柔軟性などのケアをすれば、80歳、人によっては90歳くらいまではほとんど問題なく暮らせるように思います。

ですから一般的に「老化」と言われている状態に陥っているのは、「高校の頃よりも体を動かしていないから」ということだと思ってください。

「もう年だから」とあまり動かなかったり、かつては電車で席が空いていても座らなかった人が、年だからという理由で座ったりすると、自分で老化を速めているということになります。

ただし、どうも体に過度な負担をかけ続けると、代謝量が増えて、若干ですが寿命が短くなる傾向が見られるように思いますので注意してください。

「骨がまだ必要だ」と自分に言い聞かせる

なぜ骨や筋肉について言及したかと言うと、特に第2の人生では、膝や腰などの痛みが怖いものになるからです。50歳までの人生では自動的に体がカバーしてくれて、それを治そうとしてくれますが、50歳からはそうはいきません。

なぜ50歳までは体が治そうとしてくれるかと言えば、生物的に意味のある年齢ですから、生きるため、働くため、子供を育てるために必要な膝や腰を回復させるということです。ところが、50歳を過ぎると違う。

たとえば体というものを守る神様がいたら、その神様は「もうお前は、50歳まで生かしたのだから、あとは勝手にしなさい」と言っているのです。

膝や腰が悪くなると動けなくなります。下手をすると寝たきりになることもあります。すると運動不足になり、使わないからさらに膝や腰が弱ります。残念ながら、お年寄りで足の骨を折ったために入院して弱っていく人がよくおられます。

だから、第1の人生で最も注意が必要な高血圧や高コレステロール、そしてガンよりも、第2の人生では膝や腰が怖いとも言えます。血圧やコレステロール、ガンについて第2の人生ではどう考えればいいのかは次章で詳述します。

膝や腰を支える骨は主にリン酸カルシウムでできています。骨は溶けないものだと思われがちですが、じつは血液にずいぶん溶けますし、酸には弱い。

骨と似た成分の石が、山口県の秋吉台などのカルスト台地にある石灰岩（主成分は炭酸カルシウム）です。ですから秋吉台の地下の鍾乳洞をイメージすれば、骨が溶けることを理解しやすいと思います。

骨に含まれているカルシウムはだいたい大人で1日に２００ミリグラム（日本人の場合は男性１３０～１５０ミリグラム、女性１１０～１２０ミリグラム）が溶けて、尿から排出されています。

だからその分だけ食べ物を食べてカルシウムを摂取する。小魚の小骨や小松菜などから摂取する必要があります。そうしてカルシウムを補充していかなければなりません。

そして必ず1日に3時間以上は立って、「骨が必要だよ」ということを自分の体に訴えなければならないのです。

今から50年ほど前にアメリカ軍が実施した実験によると、一日中寝ていたり、運動しなかったり、ずっと座っていたりすると、普通は1日２００ミリグラムくらいのカルシウムですんだものが、ちょうど倍の４００ミリグラムほども尿に排出されてしまうということでした。

ですから、1週間に1度のゴルフで満足していたらダメなのです。50歳以上になると、だいたい1日半から2日以上の間隔があかないようにして運動をしないと、体が「骨はいらない」と思ってしまうようです。もともと生物としては生きている意味がない第2の人生ですから、体にそう思われないように「まだ骨は必要」と常に体に売り込み続けるしかありません。

〝悪魔の席〟に座らない

カルシウムを摂取するだけではダメで、次に立ち上がって足の骨に負荷をかけ、自分に分からせる。下肢に負荷をかけてはじめて、体はカルシウムを必要だと思うのです。

だから、座っていたら駄目なのです。座っていたら背骨に負荷はかかりますが、足には負荷がかからないということです。

逆に言えば、座っているとラクだというのは、まさに自ら「私はもう骨はいらない」と宣言しているということです。電車のシルバーシートにうっかり座ってしまう人がいるでしょうが、あれは第2の人生では〝悪魔の席〟ですから、座ってはいけません。

女性は男性に比べて骨密度が低いので、50歳以上になって運動をしなくなると、骨粗鬆症になり、骨折しやすくなります。骨折すると、運動できない期間ができて、さらに骨がもろくなり、体が弱ってしまいます。そうして寝たきりになってしまう。

だから自分の体に「私はまだ骨が必要なんだ」と言ってきかせることが何よりも重要なのです。

また、膝や腰が柔軟に動くためには、コラーゲンやヒアルロン酸などが必要です。そのために、コラーゲンやヒアルロン酸のサプリメントを摂取する人たちがいますが、それでは効果がありません。

コラーゲンは、人体の皮膚、靭帯、腱、骨、軟骨などを構成するタンパク質の1つで、コラーゲンを変性させたものがゼラチンです。でも、コラーゲンを食品やサプリメントで口から摂るのは、それが胃腸で分解されてしまうので、意味がありません。

また、ヒアルロン酸は、糖類が結合した高分子で、皮膚の組織や、関節の〝潤滑剤〟となっています。このヒアルロン酸を含めた潤滑剤があるので、人間の関節の摩擦係数は、氷上でスケート靴を履いて滑る時の摩擦係数の10分の1という滑りやすさになっています。しかし、これも経口で摂取すると効果は少ないと考えるべきです。

第2の人生では、体がコラーゲンなどを「そういうのはいらない」と積極的に作ってくれなくなってきますから、「膝などの関節が大切だ」と自分の体に言い聞かせることが何より重要です。

「大切だ」と言い聞かせる方法は、まず「柔軟体操、軽い体操、関節の運動」などで必要性を訴えることです。次に、体がコラーゲンとヒアルロン酸を作るための原料がなければダメです。その原料は何かというと、簡単に言えばアミノ酸などですから、肉と糖です。最近は糖尿病になるからと心配して糖分を摂らない人がいますが、糖はヒアルロン酸に必要です。肉と糖がないと、膝と腰を守るための〝長い鎖〟が作れないのです。

よく肉の好きな老人は元気だと言われますが、若い時より老人になってからの方が、良質の栄養が必要で、節約や粗食はあまりお勧めできません。

第2の人生では、第1の人生で注意が必要だった高血圧や高コレステロールやガン、そういうものの重要性がぐんと減る。でも、体が「もう生きなくていい」と判断しかけていることには気を配らなければいけません。「いや、俺はまだ生きる」といって、膝や腰を大いに使うこと、それも過度に使わず、使うよ使うよとシグナルを送り続けなければいけないということです。

高校のときと比べて、いま勉強していますか？

では脳の老化についてはどう対処すればいいのでしょうか。

私は認知症専門のお医者さんにこう言われたことがあります。

「武田先生は高校のときと比べて、いま勉強していますか？」と。

「勉強してないかもしれませんね」と言うと、「そうしたら認知症になるかもしれませんね」と言われました。

さらにお医者さんは、「寝たきりになると骨が弱ること知っているでしょ」と言うわけです。「知っています」と答えると、「頭も使わなければ悪くなるんですよ」と言われました。

老化の象徴的な事柄として、脳神経細胞（ニューロン）がよく引き合いに出されます。

「人間の脳細胞は、20歳をピークに年々脱落して行き、再び回復することはない」

「人間の脳細胞は、毎日、20万個ずつ失われていく」

などと、まことしやかに言われます。

「20万個」と具体的な数字を突きつけられると、誰しも不安な気持ちになるでしょう。

ところが、人間の脳細胞の総数にしても、毎日減少する細胞数にしても、誰も正確に数えたのではありません。

人間の脳細胞は、大脳と小脳を含めて、千数百億個と推定されています。もちろん、個人差はあります。仮に、1200億個としましょう。

「毎日20万個の消滅」が仮に事実なら、20歳以降、毎年少なくなる数は7300万個。80歳まで健康的に生きたとして、20歳以降80歳までの60年間で44億個（7300万個×60年）の脳細胞が減少する計算になります。

その計算をもとに比較すると次のようになります。

年齢	脳細胞数
20歳	1200億個
80歳	1156億個

つまり「1日20万個」というと膨大な数のように見えますが、もともと1200億個というさらに膨大な細胞があるので、60年間に減少する脳細胞の数は、20歳時の脳細胞のわずか3・7%にすぎないということです。

さらに実際には、「脳の力」は、脳細胞の数だけではなく、脳細胞と脳細胞をネットワークする神経の数と関係します。この神経を軸索と言います。これは脳細胞から出ているアンテナ状の器官で出力装置です。一方、入力は樹状突起という無数に枝分かれしたアンテナが引き受けます。そのような2つのアンテナでネットワークを作っています。

軸索と樹状突起の信号の送受信をする部分がシナプスです。神経で伝わる情報はデジタルの電気信号で、ドーパミン（快の感情を伝える）やノルアドレナリン（やる気や意欲を伝える）、アセチルコリン（興奮を伝える）などの神経伝達物質を放出して、別の脳細胞の樹状突起に情報を伝えます。ですから脳細胞の数よりも、神経ネットワークが多いほど、頭の回転が速く、脳の力が発揮されることがわかります。さらにまだ詳しくはわかっていませんが、脳の情報処理ソフトの発達も関係しているでしょう。

要するに、脳の問題は、脳の使い方次第というわけです。

笑って、あっと驚くものを見る

認知症になると、この脳細胞やシナプスが減少することが報告されています。脳細胞が年齢とともにどれだけ減少するかを気にするよりも、脳を使わなくなって、脳細胞間のネットワークの規模が縮小されて、脳の力が低下することのほうが重大です。

芸術家は、高齢の方でも頭脳明晰です。体力も、食欲も、性欲も、若い人に引けをとらないほど旺盛です。年齢を重ねた芸術家のほうが、技量も、作品の完成度も高まっていきます。芸術家が高齢でも脳の力をフルに発揮できるのは、頭を使って情報をインプットし、その情報を解析して自分で構成し、体を使って芸術作品としてアウトプットしているからという指摘があります。だから、ボケない。ボケる暇がないというのが正確かもしれません。

その反対に、「冬、こたつに入ったまま、テレビを観て過ごすとボケる」と警告する医師もいます。テレビの情報は、受け身ですし、もともと脳をあまり使わなくてもいい番組づくりが行われているからです。

つまり脳も骨や筋肉のように、使わなければ弱るということです。ですから受け身で、頭を使わなくてもいいテレビやラジオよりも、本を読んだり、考えたりするほうが、脳の活性化につながります。ともかく脳は常時使っておかなければなりません。

さらに、いちばん良いのは、あっと驚くものを見ることです。

私のブログなどを読むといいと思います（笑）。多くの人が先入観として持っているNHKが流しているような内容とまったく違いますから、「こんなふうな考えもあるのか」「この人、変な考えだな」と思うわけですが、それが認知症を防止するのです。難しいことを考えることが必要なのではなく、「あれ？」「そうなの？」と思うことが必要だということです。

それから笑うことも大切です。だから私は講演でお年寄りがいらっしゃると、認知症防止のために、まず笑わせることを心がけています。笑いは非常に大切で、笑うことによってガンですら消滅することもあるくらいです。

驚くことと笑うこと、この2つが重要だということです。ですからどんなに高度なことをしていても、毎年毎年、同じことをしているという人は認知症には要注意です。

また、体を動かさないのも、脳によくないと言われていますから適度な運動はやはり必要です。

「サラサラ、サラダ」という罠

認知症は、日本人の高齢者がいちばんなりたくない病気の1位です。それは、人間の心を破壊して、自分への尊敬の気持ちを失わせ、周囲の人々に迷惑をかけるからです。

それほど認知症はやっかいな病気です。

認知症でもっとも多いのはアルツハイマー型認知症で、およそ半数。そのほかに、血管性認知症、レビー小体型認知症、前頭側頭型認知症（ピック病）などがあります。心が硬くなって、怒りっぽくなるのも、認知症の典型的な症状のひとつです。

このように認知症はその種類や病理的な理解がむつかしい、やっかいな病気ですが、認知症を予防する方法は簡単です。方法には2つあります。

1つは、脂肪分をよく摂ることです。もう1つは、先にも述べたように常識外れの知識を仕入れたりして「俺は脳を使うぞ」とシグナルを送ることです。

ここではその脂肪分について説明します。

なぜ脂肪分を摂るといいのかというと、脳の中にある脳細胞が油(脂肪分)で絶縁されているからです。神経細胞は、言わば〝電線〟のように、情報を電気信号で伝達します。その電線を絶縁しているのは油なのですから、油を適宜摂ることが第1です。脳細胞が〝ショート〟しないように、脂肪分を摂って、絶縁状態をよくしておくことが肝心というわけです。

その油について、次のような問題が明らかになってきました。

第1に高コレステロール血症の原因となる動物性脂肪が大切なこと、第2に、日本脂質栄養学会の初代会長をつとめられた奥山治美《はるみ》先生をはじめとする多くの研究者の研究で、健康に良いと言われている植物油が、安全ではないことがわかってきたということです。むしろ、植物油が生殖障害や認知症の原因になるのではないかとも考えられます。

私が多くの本を読み、論文を調べ、慎重に慎重に検討した結果、「植物性の油は人間の体には良くない、と言ったほうがいい」という結論に達しました。

日本人は、空気に流されやすい傾向があります。NHKをはじめとするメディアから、「サラサラ、サラダ」とか「血液サラサラ」などと洗脳されると、半分ぐらいの人は、動物の脂は良くない、植物の油はいいなどと信じてしまいます。

動物の脂が人間には良くない理由として、人間の体温より高い動物の脂肪を食べると、人間の体の中では固まるから、というものがあります。しかし、脂肪を食べたからといって、脂がそのまま人間の血液の中に入るわけではありません。脂肪は消化器で、消化液に含まれる酵素によって、脂肪酸とグリセリン（モノグリセリド）に分解されるのですから、すぐに固まるわけではありません。コラーゲンやヒアルロン酸は口から摂ると分解されてしまうことと同じで、脂肪も分解されてしまいます。それなのに多くの人は、先入観を植え付ける〝メディアの罠〟にはまってしまうわけです。

サラダ油は棚の奥にしまい込む

たとえば、伝統的な日本食はよく考えられていて、ご飯と味噌汁と魚、煮物、おひたし、漬け物といったもので構成されます。この構成を見ると油は魚から摂ることになります。

そして日本食では煮物は葉ものを煮るのではなく大根やにんじんなどを使うことが多いの

です。なぜならば日本食は植物の毒性について細かく考えて作られているからです。煮物は煮汁も一緒に食べるので、葉ものはおひたしなどにして一度、煮汁を絞ってから食べます。植物油を摂る場合は、豚や牛、魚の脂などを倍近く摂ることこそが大切です。それを摂っていることで植物油の危険性が少なくなります。

私は、以前、レギュラー出演していたテレビ番組で、ココナッツオイルを推奨している内容に異を唱えたために、番組を降ろされた経緯があります。論文を調べるとココナッツオイルも危険なのですが、テレビ局は視聴率中心主義で、スポンサーに気をつかいます。だから、たとえ国民の健康に問題性があっても、「サラサラ、サラダ」や「血液サラサラ」を放送したがります。その裏に、スポンサーや広告主などとして、植物油のメーカーがいるからです。

私の家の台所では、家族の健康のために、サラダ油は棚の奥にしまい込み、ゴマ油を前に出しています。そして、炒めものには、ラード（豚の脂）やヘット（牛脂）を使い、肉を炒める時には、その肉の脂を使うように工夫しています。

そもそも、日本人は、料理に油や脂をあまり使いませんでした。使っていたのは、魚の油ぐらいです。だから、日本人が今のように、植物油を大量に使うのは危険なのです。

「周囲からの口撃」を無視する

第2の人生でもう1つ怖いものが実はあります。それは、骨や筋肉が弱る、あるいは認知症になる、その引き金を引くものです。それは白髪、シワ、ほうれい線などです。

なぜそれが引き金を引くことになるのか。

「私は〝老後〟を生きている」という錯覚の撲滅のためには、「他人からの口撃」をいかに無視するかが勝負だからです。

少し前まで女性は25歳くらいになったら「まだ結婚しないのか？」と会う人ごとに言われるので、それに辟易していい加減な男性と結婚するということもありました。それと同じで、第2の人生が認定されていない現在は、ちょっと物忘れすると「年のせいじゃないか？」と言われますし、久しぶりの人とお会いすると「最近、お体の調子はどうですか？」と心配され、挙句の果てには妻に「あなたも年なんだから、すこしお酒を控えたら」とチクリとやられます。

なにしろ毎日のように言われるのですから、無視することもできず、簡単な反論をするしかありません。そして実はそれに強い影響を受けているのです。

人間は物忘れをしやすい大脳を持っていて、いつでも物忘れをします。若い頃は知人の数も少ないので、覚えている人の名前がもともと少なく、思い出しやすいということがあります。しかし、年配になると小学校の友達からはじまって膨大な友人、知人がいます。それに仕事でお会いした人などを加えると、本当に多くの人の名前を覚えることになります。さらに政治家や映画俳優なども昔の人から今の人まで名前を知っているのですから、その中から1つの名前を思い出すのは大変なのです。

しかし、「周囲からの口撃」もバカになりません。

もともと「年のせい」と自分でも思いがちなのに、さらに加えて、他人からの攻撃にさらされるのです。人間は大脳に支配される動物で、笑顔の絶えない生活をしていれば病気にもガンにもならないという研究結果は多いですし、落ち込むと自分を健康にしたり、元気にしたりする物質の分泌が少なくなるのもよく知られています。

そこで、認知症にならず、健康ではつらつとして第2の人生を送るためには、

(1)自分自身が若い気持ちでいること、

(2)家族などには「年のせい」などと言わないように頼んでおく、

(3)他人が「年のせい」と言っても気にしない、

という心構えが必要です。

老いを防御する作戦

でも（1）と（2）は改善できても、（3）は他人の言うことですからなかなか思うようにいきません。しかし、私の経験では（3）も作戦を立てれば実行することができます。

まず、第1に容貌です。

髪の毛の白い人は毛染めで染めます。やはり髪の毛が白いのと黒いのとを比較するとかなり年齢は違って見えます。女性の場合はお化粧をしなれているので、毛染めやカツラを簡単に利用するのですが、男性はお化粧などしたことはないし、カツラも女性のように安価なものが求めにくいということがあります。

それでも頑張るのです。

次に、「顔と体」です。顔は男性でも女性と同じようにお化粧が必要です。シミを隠し、ほうれい線が目立たないようにします。さらには眉毛が貧弱になってきますから、眉毛を描くペンのようなものを女性に買ってもらって、簡単でも良いので画くことです。

体は、何らかの運動をして筋肉をつけ、腹部の脂肪が目立たないように体形を整えることも大切です。

さらに、「態度」もとても重要です。

生き生きとした態度、前向きの気持ち、若い人と同じような謙虚で不安な気持ち（老人のふてぶてしさを出さないという意味）、トボトボと顔を下に向けて歩かず、歩幅の大きい歩き方をすることなどが重要です。

たとえば「靴」を考えます。

私は少し前まで、普通の革靴を履いていました。そうすると年とともに少しずつ歩幅が小さくなり、それに伴って「トボトボ」と歩いている自分に気がつきました。そこで、何とかしようとインターネットを使って靴を調べていると「スニーカーと同じ履き心地の革靴」というのを知りました。一流メーカーで、理論も筋が通っています。

そこで、軽くてスニーカーと同じ履き心地の靴を買い、さらに滑らずに快適に歩けるというたい文句の滑り止めのシートをつけました。そうすると、歩幅は大きくなり、歩くのが楽しい、ときには小走りになってしまう……ということですっかり歩いている姿が若返りました。

そして、服装や持ち物が大切なことは言うまでもありません。女性の場合は年配になっても少しでも若く見せたいという気持ちがあり、服装の選択なども慎重にしていますが、男性は「そんなこと気にするものか！」という反骨精神があり、さらに老人に見えることになります。

ここで注意しなければならないのは、「老人に見えて何が悪い」という気持ちを持つことです。たしかに、老人に見えることはなんら問題ではありません。品のよい、年齢なりに立派な人は尊敬されます。

でも、それによって他人が自分に対して〝口撃〟してくることが問題で、それに自分がどうしても影響を受けてしまうことに注目しなければならないのです。

つまり、「老人に見えても何も問題はない」ということなのですが、老人に見えることで周囲から「あいつにはもう期待できない」「ずいぶん老けたな」と思われ、それが自分の生きる力を奪い、老化を速めるから問題なのです。

生物は自分が生きているのではなく、自分に生きてほしいと周囲が思うことによって生命力をもらうのですから、自分が老いて見えるのはとても危険ということになります。

私も実は55歳くらいまでは年を取るなら取ることで仕方がないと思っていました。年を取ったら老ける。自然に老けるにまかせればいいじゃないかと思っていたわけです。

ところがある時、ある男性が私にこう言いました。

「なんでも諦めちゃいけないよ。髪の毛が白くなったら必ず染めなければならないし、シミがあったら必ず隠さないといけない。適当に顔の運動も必要だよ」

私は驚いて、「男だからそんなことはいいんじゃないの」と言ったのですが、そんなことではダメだというのです（笑）。

それから自分なりに考えてみると、確かにその人の言う通りだと思いなおしました。今では私はほうれい線を伸ばすようなシワ伸ばし運動を多少します。時々は乾燥しないための化粧水のようなものも使います。もちろん、髪の毛は染めて黒くします。服装も華美でない程度に、恥ずかしくない程度に若作りにしているのです。

驚くべきことに、このようにしていると病気が後退していくのです。体のいろんな数値がよくなっていくのです。

つまりは「病は気から」ということを示しています。これまで繰り返しましたが、「自分の体に、まだ自分は若いと言い聞かせる」ことが第2の人生では特に大切だということです。

その上、そうしていると、周囲が自分を見る目も変わってきます。見かけに気を配る前は、周囲は「年を取った人」として私を見ていたわけです。が、今は「年の割に若いな」と思って見てくれています。「年の割に若いな」と周囲が思って見てくれていると、私もそれに応じようとする。すると、肝臓も血管も、心臓も全部それに応じるのです。だからだんだん元気になってきます。

周りの人が自分を見てくれて、自分を若くしてくれる。自分の若さははつらつとした容貌が守るのです。シワがない顔、白髪でない黒い髪、はつらつとした容貌、歩き方、これが健康に元気に生きるために大切なのです。

「高齢者」というトリック

現代は、第1の人生と第2の人生を区別しないまま、65歳以上を「高齢者」にしてしまいます。

それは、全然違います。第1の人生（0〜50歳）の中央値は25歳です。それに対して第2の人生（50〜100歳）の中央値は75歳です。でも、50歳からの第2の人生で考えれば、35歳で、熟年期です。

第2の人生は新しく始まるわけですから、0歳から数えて65歳以上を「高齢者」とする考え方をやめたほうがいいと思います。

50歳を超えて「自分は老化していく」「自分は衰退していく」というトリックにかかってしまうと、本当に老化が始まってしまいます。

第2の人生では、心が硬くなることにも気をつける必要があります。電車に乗っていると、よく老人が若い人たちに腹を立てたり、小言《こごと》を言ったりしているのを見かけますが、これは第2の人生の生き方としてはダメでしょう。

今の自分が、第1の人生の延長上にあると思うから、「今の若い奴らは」「俺が若い頃はそうじゃなかった」「たるんどる」などと思い違える。すでに自分は違う人生を生きているのに、別の第1の人生を生きている人を否定してしまうわけです。

血管が硬くなるのなら血圧が上がるだけで大したことはないのですが、心が硬くなって頑固になると、周りの人に疎《うと》まれるようになってしまいます。そうなれば、せっかくの第2の人生が、社会的に意味のないものになり、孤立化を深めてしまう。すると、ますます心が硬くなるという悪循環に陥ります。

ですから自分は若い人と異なる人生を生きているのだということを認識しなければなりません。そうすると第1の人生を送っている人たちに対して、腹が立ちません。次元が違うところにいる人達なのですから、腹を立てても仕方がないということがわかります。

第1の人生を生きている人たちの考え方や行動に違和感を覚えたら、「ああ、第1の人生の人たちだからだな」と思えばいいのです。自分は第2の人生を生きていて、生物としての価値がないわけですから、そう考えれば心は硬くなりません。

生物として生きている意味がなくなったからこそ、できることがあります。

たとえば、市役所に文句を言いに行きたいと思った年配の男性がいるとします。時間をもてあましているのか、そういう方はすごく多いのです。

ですから私はそういう方には、「家から出るときに箒を持って行ってください」と言いたいのです。そして、箒を手に市役所の前に着いたら「まず市役所の前の溝を掃除してください」とアドバイスします。

ある日、あなたは腹が立つことがあり、市役所に行こうとする。「武田が箒を持って行けと言っていたな」と思い出し、箒を持参して市役所に行き、溝を掃除し始める。

すると驚くべきことが起こるはずです。そこを通る人がみんな「ボランティアですか?」などと声をかけてくれるでしょう。声をかけられても「えー」とか「はー」と言いながら掃除を続けます。あなたは、声をかけてこなかった人も含めて市役所の前を通る人みんなから、感謝されます。

そうこうするうちに、あなたの怒りはおさまってきます。すると、市役所に文句を言おうと思ったけれども、馬鹿馬鹿しくなって、今日はやめようと箒を持って帰ることになります。

もう1つ、少し極端なことを言うこともあります。

大雨で川が増水したときです。住民が危険だと避難していく。そのときに自分の家においてあった土嚢を持って、あなたは危険な方に向かう。つまり川に行くのです。

これは年を取った男性に限って必要なことです。前に述べたように、女性は周りの人の

「お世話」をすれば感謝されるのでそれで十分なのです。

ところが男性は女性と同じような「お世話」の効果がありません。だからお世話ではなくて、命を投げ出す覚悟を持つということです。土嚢をもって川に行き、洪水防止のために土嚢をつむ。雨の中を行って土嚢をつむのです。土嚢を積んで間に合わずに洪水になりそうになったら自分が寝転んで自分の体で洪水を止める。そこまでやると死んでしまいますのでたとえ話ですが、先に述べたように実は生物はこれと同じようなことをしているのです。

極端な話をしましたが、つまりは、このくらいの覚悟があれば、周りはみんな感謝してくれます。感謝してくれると自分が快適になり、はつらつとします。元気になり、健康になります。これが第2の人生を生きる極意です。

第4章

「病」のウソ

第2の人生の選択——2つの人生

では、第1の人生の時に怖かった高血圧や高コレステロール、ガンなどについては、第2の人生でどのように対処すればよいのでしょうか。

第2の人生の健康について語る時にいちばん分かりやすいのが、血圧です。

一般的には、皆さん「血圧は130㎜Hgくらいがいいらしい。高いのはよくないが、低いのは別に問題がない」と思っている人が多いように思います。

でも、これは大きな錯覚です。一般的には50歳まではもともと血圧が低いから問題はありませんが、50歳以上、特に60歳からの第2の人生の壮年期を迎えたら、血圧の130㎜Hgという基準は全然ダメなのです。

つまり「年齢に応じた適当な血圧」が必要となります。「年齢に応じた適当な血圧」とはどういうことか。50歳以上では、血管壁が硬くなってくるので、もし50歳までの時と同じ血圧のままの場合は、血流が減ってきて全身に血が回らなくなります。

人間には、なぜ血がどうしても必要かと言うと、全身の細胞に「酸素、栄養、白血球、ガンの抑制因子、コレステロール」を常に送り届けなければならないからです。酸素や栄養は言うまでもありませんが、白血球を十分に末端の細胞まで送り届けられなければ、インフルエンザや肺炎になり、さらに病状が進むので、時には生命の危険が生じます。

ガンの抑制因子も大切です。普通の人はガンというのは1年に1度とか、2度、検査すればよいものだからゆっくり退治すればいいと考えているのですが、実はガンのもと（遺伝子の異常など）は毎日、数千個発生しています。それは少なくとも1時間、できれば数分以内に補修しておかなければならないのです。特に海水浴などに行くと皮膚ガンのもとができますので、修復が大切です。

コレステロールも「いらないもの」と思っている人が多いようです。コレステロールは普段は食事から20％ぐらいは摂れるのですが、それでは足りないので80％を体内で合成します。そしてそれは細胞の隅々まで送らないといけません。なぜなら、細胞膜などはコレステロールや中性脂肪などでできていますし、脳ではコレステロールを脳神経細胞の間の絶縁物質として利用して、脳の活動を保ち、認知症を防止します。

だから、体はどうしても「血圧」ではなく、「血の流れ」、つまり血流量を保とうとします。50歳を超えると血管壁が硬くなってくるので、どうしても血圧が上がります。でも、それは第2の人生では避けて通れないのです。

著者が試みに、40歳の時に血圧が１３０だった人（これ以後、血圧は収縮期血圧、つまり上の血圧を示し、単位の㎜Hgは割愛します）が、70歳になった時、降圧剤を使って血圧を130に維持した場合と、成り行きに任せて160になった時の死亡危険度を計算したことがあります。

その結果、40歳の人の死亡危険度を100とすると次のようになりました。血圧ばかりでなく、感染症、ガン、認知症などになる可能性を考慮すると、70歳の人で、血圧が成り行きで160の人の死亡危険度は105、降圧剤を使った場合の死亡危険度は118です。降圧剤を使って血圧を低くした方がかえって死亡危険度が大きくなりました。

「血圧を下げろ」という考えは、血管系の死亡危険度だけに注目し、血流が低下することによって生じる総合的な危険度を考慮していないことによります。また、このような計算を発表すると、総合的な計算もしていない人から「根拠が薄弱だ」などというバッシングが来るのが常ですが、何も出していないより少しずつでも正しくしていくほうが良いと思います。

このような結果がでるのは、当然と言えば当然です。

もともと、人間の体は遺伝子で「最も適切」にコントロールされています。ここでいう「最も適切」というのは、「もっとも長寿」というのではなく、子供を産み、幸福に元気に過ごし、100歳でこの世から去るのにもっともすぐれた状態にしているということです。

「皮膚は常に更新されるのに、なぜ第2の人生の時期には、わざわざシワのある皮膚を出すのか？」ということと同じように、人間は実に巧みにできていて、限界が来ると突然ではなく、無理なくこの世を去ることができるようになっているのです。

だから、第2の人生では、若干の危険を冒してでも、心臓が頑張って血流を保つ。その結果、血圧が少し高くなります。それは、人知や医学より優れた全体的な哲学に合致するようにできているのです。

（注）危険度の計算は、第一近似として比例計算をしています。また、血流と年齢、総死亡のデータの関係性にコンセンサスが得られていません。血流量と危険度の関係の研究が今後、進むのが期待されます。

「病気」と「症状」は違う

基礎が分かったところで、具体的な方法を決めたいと思います。

多くの人は、医者に行くと血圧を測ってもらって、おそるおそる「先生、血圧は大丈夫ですか？」と聞きます。なぜ、自分の健康なのにおそるおそる聞くかというと、「高血圧の病気と言われるのではないか」と思うからです。

でも、今、日本社会で言われる「高血圧」というのは、「高血圧病」ではなく、「高血圧症」なのです。ややこしいのですが、「病気」と「症状」とは違います。病気は、病気ですから治療が必要ですが、症状には「正常な症状」と「病気による症状」があります。症状の場合、病気でなければ、必要なのは治療ではなく「人生観」です。

先ほどは70歳で計算しましたが、今度は60歳で考えてみます。なにしろ、第2の人生で「血圧をどうするべきか」というのは本著が初めて整理するのですから、いろいろな視点や年齢で考えなければならないからです。

今、仮に、50歳の時に血圧が140だった人を想定します。その人が60歳になると10歳年を取ったということなので、自然の流れにゆだねれば（心臓に任せれば）、普通は血圧が150になります。しかし、日本社会を挙げて「低血圧が良い」と言っている時代ですから、医師に相談したら「降圧剤を飲んで130にしなさい」と言われるかも知れません。

そこで、第2の人生を2通り考えてみます。

1つは、第1の人生と同じような感じで第2の人生を生きたいという人。この場合は、血圧の基準は10年で10ずつ上げていくのが良いということになります。つまりイメージとしては「ピンピンコロリ型人生」を選択する方法です。

しかし逆の考え方、人生もあります。少し血液の流れが悪くなったら、それによってガンや肺炎のリスクは増えるし、元気もなくなる。でも、できるだけ血管が破裂するようなことで死にたくないと考える人生です。そういう人は降圧剤を飲んで、安全に、でも疲れやすく、1日ボーっとして生きつづけ、ガンなどでこの世を去る道を選択すればいいのです。

どちらでもいいわけで、これは人生観の問題ですから、お医者さんが決めることではありません。

かくいう著者は、前者、つまり「ピンピンコロリ型人生」を選択しています。50歳ぐらいの時にはほとんど血圧などに興味がなかったのですが、あまり社会が血圧、血圧というものですから、65歳ぐらいで測定したら、150ぐらいでした。心臓に任せる自然体の血圧は、年齢＋90ですから、本当は155は欲しいのですが、残念ながら少し下回っていました。

その後、70歳を過ぎても160を超えず、150台なので、何とかして血圧を上げたいと思っていました。血圧が低いと疲れやすいし、インフルエンザや肺炎になるのも嫌だし、ガンもあまり歓迎できないからです。

ところが、著者は食塩を摂ったり、辛い物を食べても血圧が上がらないのです。よく、「減塩食はヘルシー、血圧を低く保つことができる」と言いますが、これこそ真っ赤な偽りです。すでに1990年ごろから多くの機関で研究を行い、日本人では10人に2人は食塩を摂ると血圧が上がる人がいるけれど、大半の日本人は特別な条件がなければ食塩で血圧は変わらない、という結論が得られているのです。

「減塩食はヘルシー」のウソ

そのような論文は多数ありますが、実際にこういうことがありました。

著者は10年ほど前、愛知県の国立長寿医療センターにお邪魔した時に、そこのトップの方のオフィスに行きました。すると、老人病の専門の先生の机にお塩が置いてあるじゃないですか！

思わず「先生、お塩をなめているのですか？」とお聞きすると、「そうです。お塩と血圧には関係がないので、私は疲れたり、講義に行ったりするときに塩をなめていくのです。アドレナリンが出て元気になりますから」と言われるのです。先生のお年は私とあまり変わらず、しかも専門家のお医者さんが言われたので、私はそれまで読んでいた論文が本当なのだなと思いました。

でも、罪作りなものです。社会では「儲かるから」という理由だと思いますが、「減塩食はヘルシー」と言ってどこもかしこも、いろいろな食品を売っていました。それが食塩が血圧に関係するのは、正確に表現すると5人に1人だけというのでは、まるで詐欺と言っても言い過ぎではないでしょう。誠実な人なら、「日本人の5人に1人が食塩と血圧に関係があるので、もしご心配なら減塩食をお試しください」と言うにとどめるでしょう。

こんなことが、他の普通のことで行われたら、絶対に非難されますが、マスコミが「減塩食がヘルシー、血圧が下がる」とフェイクニュースを流していたので、非難されずに済んだということです。

私の読者の方は、この事実を知って「お父さんに悪いことをした。いつも味の薄いものを食べさせていたけれど、父は『不味い、不味い』と言いながら、元気をなくして亡くなってしまった。悔やんでも悔やみきれない」と言っておられました。ウソをつくというのは被害者を出します。

医師は自分がどんな信念があろうと、科学的真実を正しく伝えることが大切で、「みんなが言っている」ということで論文も読まず、単に雰囲気で他人の健康や人生を左右することは許されないと思うのです。

ところで、私は血圧が上がりませんが、ストレスもないし、適度な運動もしているので、血圧を上げる方法がないのです。そこで、とりあえず、ゴルフをやめてキックボクシングとテニスを始めました。そうするとそれらは激しいスポーツなので、直後の血圧は190ぐらいになります。その日はだいたい1日中、やや高めの血圧になりました。

そうしてみると、かなり違うのです。

まず、疲れなくなりました。友人と夕方からお酒を飲みながら食事をして、午後9時ごろになり、私は元気なので、「クラブ活動をしよう」（夜のクラブ活動です）と言うと、友人はみな、「疲れたから帰る」とか「いつも10時には寝ているから」と言って帰ってしまいます。若い頃、みんなでドッとクラブに繰り出し、楽しく飲んだことを思い出すとまるで違ってしまいました。

仕方なく、私だけがクラブに行き、午前様で帰るのですが、どうしてこんなになってしまったのだろうと思います。本来、165以上なければならない血圧を、降圧剤で130に下げていれば、130÷165ですから、活動量は8割以下に落ちますし、疲れるに決まっています。血の循環が悪いのですから、夜になるとぼーっとしてきますし、それが普通になって早く寝て、朝は早く起きてつまらない生活をしているようです。

第2の人生にドクターストップはない

第2の人生には基本的に、ドクターストップはありません。ドクターストップというのは第1の人生だけにあるものです。

第1の人生は全員の目標が基本的に同じです。青年期を過ぎ、結婚し、子供を産み、育てる。全員が、基本的にそうするのだと決まっています。

だから医者が、その決まっている人間の生き方を考えて、あなたはこうしなさいと言う。これがドクターストップです。

ところが第2の人生はそれぞれの人が、自分自身で考えなければなりません。マニュアルがないということです。1度、人生が終わっているのですから、欲もないでしょう。またそうでなければ第2の人生の意味がありません。欲がなければ、何も怖くない。ここまで整理してきたように、たとえば血圧なら、自分の思うような生き方に沿った血圧を選べばいいのです。

また血圧以外でもより自由な選択が許されます。

たとえば、私は肺炎の予防注射は打っています。副作用が強いのですが、それでも打つことにしています。なぜなら、血液の量をできるだけ若い時と同じようにしているとはいえ、100メートルを13秒で走ったはずの若い頃の体が、18秒になっていると自分で認めているからです。血圧は高くしていますから血流量は若い頃とそれほど変わりはないのですが、なんといっても内臓も免疫系も年相応に防御力が弱っているはずです。だから、私は肺炎の予防注射を打っているということですが、ここにも第2の人生の大きな考え方があります。

第1の人生では、「肺炎の予防注射を打つ危険性と、肺炎になる可能性を比較して」予防注射を打つかどうか選択するということになります。しかし、第2の人生では、すでに1回、人生が終わっていますから、怖いものなしです。「危険性と可能性」などを比較する必要はなく、単に「打ちたければ打つ」で良いのですから、気楽です。

第1の人生を懸命に生きている人から見ると、理解できないこともあるのです。

たとえば、私はインフルエンザのワクチンを打っています。インフルエンザのワクチンは、インフルエンザウイルスそのものが変化しやすく、ワクチンを打ってもその効果が不十分であることや副作用があるので、第1の人生の人は接種するのに批判的です。効果があれば打つ、効果がなくて危険があれば打たないと考えるのは至極、まともです。

でも第2の人生では迷いはありません。効果が不十分であっても、少しでも効果があるのであれば、自分はともかくインフルエンザの蔓延を防ぐ可能性がありますので、それだけで社会貢献になります。

そこで、インフルエンザワクチンのことを調べると、厚労省や医師会の方は「打つべし」でまとまっているのですが、反対派は結構おられて、「絶対、ダメ」という感じです。私は科学者ですから、「言っていること」ではなく、「科学的データ」を見比べて判断します。

その結果、第1の人生的考え方（自分が第1）なら、インフルエンザワクチンは良いとも悪いとも言えないという感じです。単に製薬会社が儲けているだけという感じもしますし、集団で接種を続け、かつ少しの方が副作用で被害を受けても無視するということなら、長い期間を想定して効果がありそうという感じです。また、「近代医療は悪いことだけ」という思想を持っている人には格好の攻撃材料になるだけの不安定さがあります。

でも、第2の人生では「社会貢献＝長寿」の方程式が成り立ちます。ですから、自分の健康のことより、「自分がどうしたら社会に貢献できるか」が優先します。

第1の人生では、生物学的な意味がありますから、それだけで社会には貢献できます。つまり、子供を作って育てる（もし子供がいなくてもその社会に参画している）という貢献があるからです。たとえば哺乳動物のメスの場合、生理がなくなると死にますが、未婚だからといって既婚より早く死ぬということはありません。つまり「子供を持つ、もしくは持つ可能性がある」というだけで動物は生きる生命力を授かるようです。

ところが、第2の人生ではそうはいきませんから、私は「たとえインフルエンザワクチンの効果が少なくて副作用があっても、もしかすると社会全体の患者数を減らし、子供が感染する機会が少なくなるなら打っておこう」としています。

でも、このような私の態度を理解してもらうことはとてもむつかしいのです。血圧、コレステロール、糖尿病、痛風、ガン、認知症……何をとってもこれまでとは違った考え方をしなければならないので、まだ一般的ではないのです。

何から何まで、第1の人生と第2の人生では判断が変わりますね。

血圧基準は国民の健康を考えていない

ところで、血圧について、著者の考え方とは別に、厚労省や日本高血圧学会、それに日本人間ドック学会、さらにはかつての医療関係者はどう考えているか、簡単に整理をしておきます。

まず、中心となる日本高血圧学会は2014年、「高血圧治療ガイドライン2014」を発表しました。それによると、正常血圧は120─130（一般に、収縮期血圧といったり、上の血圧と言ったりします。血圧は上と下があり、たまに「下が大切」という人もいますが、やはり血管の破裂につながる上の血圧が一応の目安になります。ガイドラインでは120－129ですが科学的に正しく130と表記）としています。そこで、血圧140以上を「高血圧症」と呼んで原則として治療対象だと表明しています。

ここで、「高血圧病」と呼ばずに、「高血圧症」と言っているのは、「高血圧」であるというだけでは「病気」ではなく単なる「症状」で、それが問題かどうかは不明だということです。本来、医師というのは病気は治すことができ、そのために普通の人ができないこと（患者の体に注射やメスなどの傷害を与えること）などが許されていますが、症状があってもそれが病気でなければ治療はできません。

もともと、血圧が高いということは病気とは無関係なので、高血圧学会は厚労省とともに、「120未満が至適血圧。130未満が正常血圧、140以上が高血圧症」という「宣言」をして、降圧剤などを出せるようにしています。

ところが、2014年、日本人間ドック学会は、人間ドッグで検査した「健康な人」を対象としたデータから、「健康な人の平均の血圧（上）は147である」という旨の発表をしました。日本人間ドック学会のデータは人間ドックで検査した150万人のうち「健康」と判断した人たち約1万から1万5000人の中央95％が147だったことによります。

それから、厚労省関係で、国民不在の議論が進んでいます。日本高血圧学会は、日本人間ドック学会の示した血圧は単に測定の平均で、「将来の病気の発症を念頭に入れていない」としています。でも、この理屈は実に奇妙で、まったく国民の健康など考えていない、医療で許されている範囲も考慮していないというひどいものです。

まず、問題の第1は、「将来の病気の発症を念頭において、現在は健康でも治療を施すこと」は医師に許されているかということです。

さらにこの問題に踏み込むと、（1）個人差、（2）年齢差、（3）人生論、の3つが必要です。

まず、血圧は個人差が大きく、上が１００以下の女性も多く、反対に若くても男性で１６０を超える人も多数います。それは個人差なので、もちろん健康で「病気」ではありません。健康な人の血圧の分布（ばらつき）というのは非常に重要なデータなのですが、なかなか公表されません。政府統計（e-Stat）はやや形式的ですが、50歳代の男性で血圧の薬などを飲んでいない人（血圧的には健康な人）のデータを見ると、１２０台が最も多く29％、次いで１３０台の22％、１１０台の16％、１４０台の人も12％もおられます。

つまり、健康な人でも１１０から１６０ぐらいに散らばっていて、どの人も健康なのです。人間は血管の太さ、代謝速度（酸素などの必要量）が違いますので、それに応じて血圧が変わります。男性は一般に代謝速度が速いので、それだけ多くの酸素や栄養が必要で、血圧はやや高めになっています。それがベストなのです。

さらに、年齢の問題があります。たとえば、80歳代の人は第2の人生で、まだ第1の人生の40歳代に相当しますが、血圧が高めの人の平均血圧が１７５ぐらいですから、ほとんどの人が「高血圧症」に分類され、「将来、障害が出る可能性がある」とされます。でも、血圧が高くてもそれが影響するのには私の感覚では20年ほどかかり、80代の人は全員が１００歳を超えます。だから何の意味もありません。

このようなバカらしいことが現実に実施されているのは、第1に「個性」を認めないこと、第2に「高血圧病」を診断できないこと、第3に「第2の人生」の概念がないこと、によります。

この問題の「人生論」のところはすでに整理しています。

年を取るともともと血管が硬くなって血流が不足するので、「豊かな人生」を送るために体が年齢に応じて血圧を上げている（心臓が決める血圧＝年齢＋90）。にもかかわらず、病気かどうかの判定ができないので、とにかく血圧を下げて元気をなくし、死亡確率も増えるという奇妙なことをやっているのです。

特に第2の人生ではこの問題がとても大きいのです。

血流量一定のために血圧は変動する

私の友人から「血圧はいつ測ったらいいのか」と相談を受けたことがありました。その友人は「午前10時頃と、昼頃、あるいは夕方で、暇な時間に測るから決まっていない」と言っていましたが、血圧に関心がある人でも、測定はいつも一定の条件で、と考えている人はほとんどいないでしょう。

血圧は1日で20ぐらい変わります。ですから、たまたま測定したら血圧が130だったとしても、本当は150ということもあるのです。

一般的には、朝と昼は血圧が高く、夜になると低くなります。夜は静かにしているので、あまり血を必要とせず、心臓が血圧を落とすのです。さらに「頭のてっぺんから足の先まで160センチ」という人も、寝ている時には横になっているので、わずか数十センチだけ重力に逆らうことになり、圧力は低くても良いのです。

また、季節によっても血圧は大きく変動し、1年を通して測定すると、実に70ぐらいも変化します。いちばん低い時に測って130なら、いちばん高い時には200ということになります。もちろん、気温の高い夏は血管が膨張し、柔らかくなっているので、血を送る圧力は低くてもよく、気温の低い冬は血管は細くなり、硬くなるので、圧力も高くなるということです。つまり、常に体は「血圧を一定にする」ということではなく、「血流量を一定にする」という方針をとっています。そのほうが健康で長寿だからです。

私の経験では、1日のうちでいちばん血圧が高いのは午前中の10時頃のようで、午後も一時的に高くなりますが、午前ほどではないようです。

さらに、血圧を測定する前には、できるだけ2分ほど深呼吸して、落ち着いてから測定を始めますが、それでも1回目の測定値は、なぜか高めに出ます。2回目、3回目と測るにしたがって、測定値は下がってきます。そこで私は、血圧は5回測定して、1回目と、残りの4回の測定値のうちもっとも離れている測定値を除いて、残りの3回分の測定値を平均していましたが、それでも、結構、大きなバラつきが出ます。

ちなみに日本高血圧学会のすすめる測定方法は、朝（起床後1時間以内、排尿後、食前）と夜（就寝前）の1日2回測定し、朝・晩とも血圧は2回測って、その平均の血圧値をとり、それらをすべて血圧手帳に記録して、さらに5から7日間の平均値を自分の血圧とする――としています。

高血圧の病気の人で、治療をしている時には、このぐらい神経質になることもありますが、普通の人がこんなに手の込んだ方法で血圧を測っていたら、それだけで病気になってしまいます。病は気からと言いますが、健康でも、こんな厳しい測定をしていたら、高血圧症にはなるでしょう。

普通の人は、

1　時々、なにげなく血圧を測る、

2　測った血圧が１４０だったら、「私の血圧は１２０から１６０ぐらいだな」と思う、

3　頭が痛くなる頻度が高かったり、最近、鼻血などが多いなという感じがしたら測定する、

ぐらいがちょうどよいと思います。

高血圧で死ぬというデータのトリック

これまで第2の人生における高血圧の問題、むつかしく考えれば、血圧などあまり気にする必要がない、ということを整理してきましたが、実は、この問題にはもっともっと根深い「ウソ」、もしくは「意図的な細工」があるのです。

まず、国や公的な機関が示している、「血圧と死亡リスク」の図を示します（図1）。

この図は、横軸が血圧（上の血圧）で、縦軸が循環器疾患死亡リスクをとっています。この場合の循環器疾患とは、脳卒中、脳梗塞、脳溢血、くも膜下出血、脳内出血、心筋梗塞、狭心症、心不全、冠動脈再建などとされています。

見ただけでわかる簡明なグラフですが、血圧120を基準とすると、120―140（図では139となっていますが、140未満が科学的には正しいので、本文で表記するときには139を140としています）が死亡リスク3倍、血圧が上がるとどんどん死亡リスクが上がり、180以上では18倍にもなります。

このグラフを見せられると誰もが「血圧が高いと大変だ！　死んでしまう。血圧を下げな

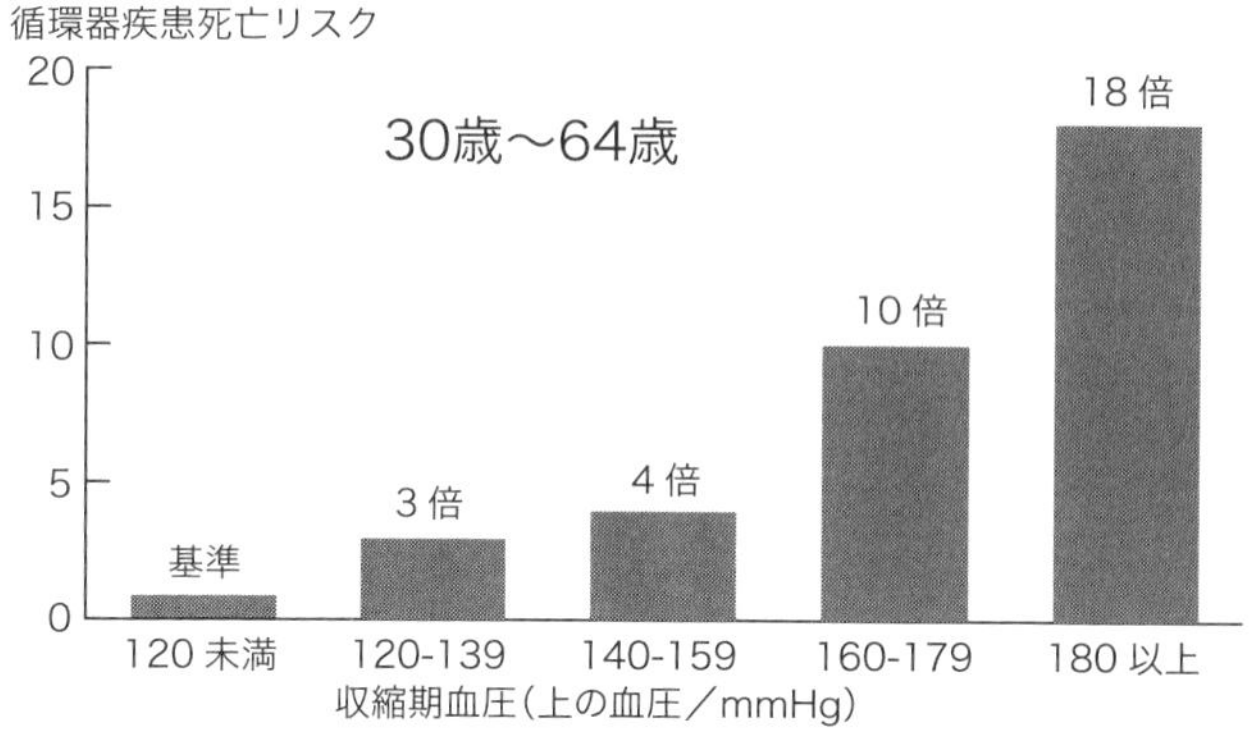

図2　収縮期血圧に対する循環器疾患死亡リスク（国立循環器病研究センター参照）

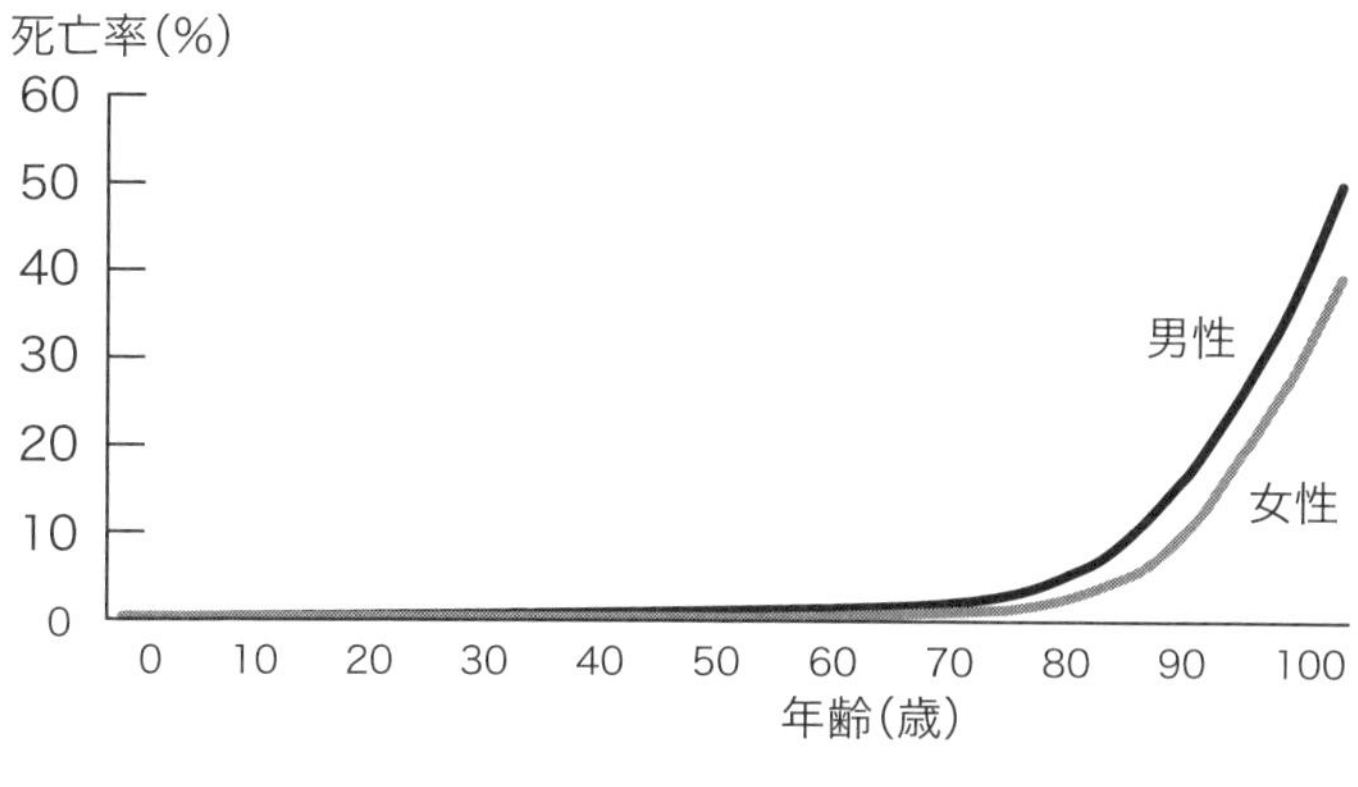

図3　年齢による死亡率

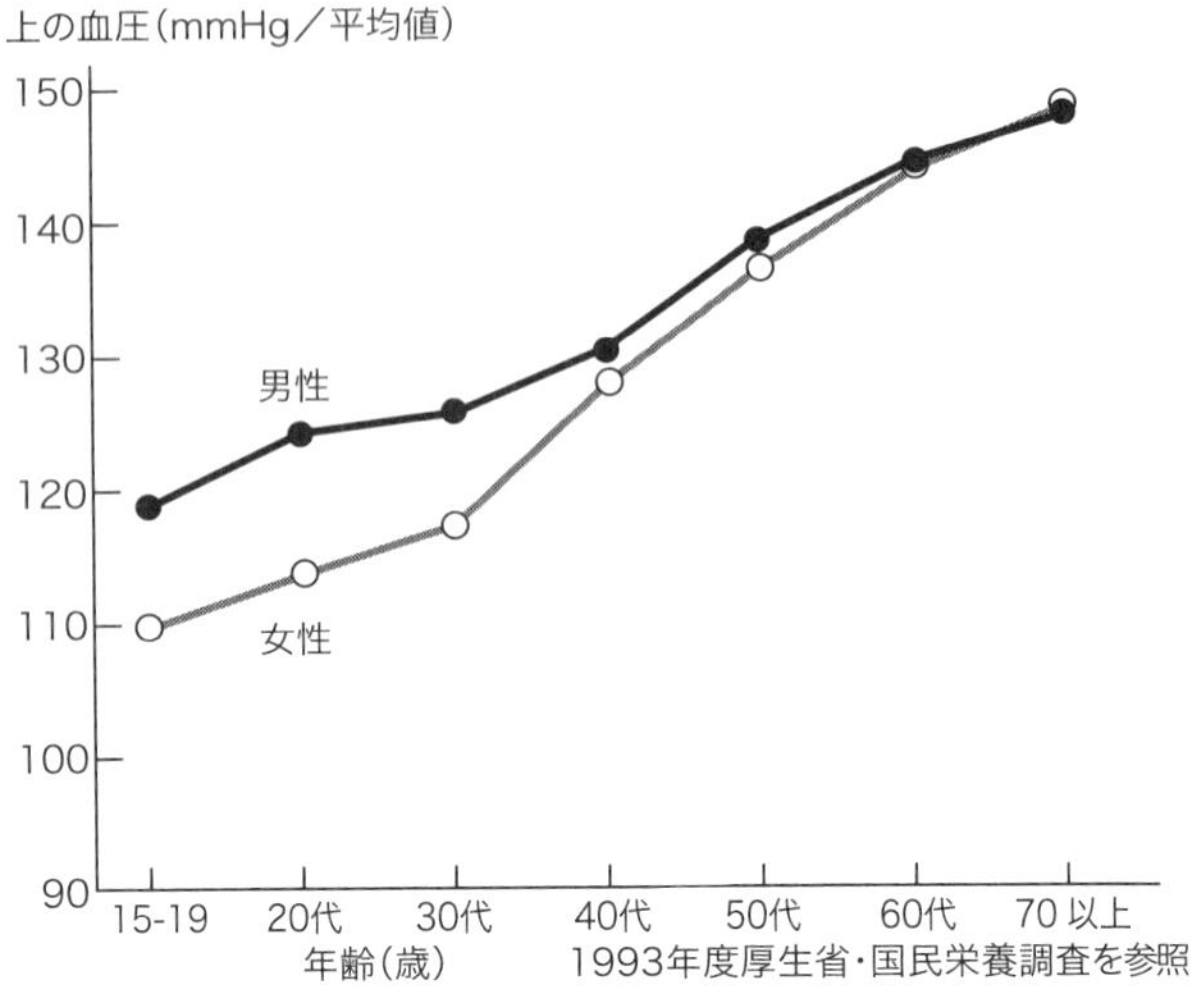

図4　年齢による血圧の変化

ければ！」と思うでしょう。でも、たとえば著者の大学の研究室で科学の訓練を受けた学生に、次の2つのグラフを見せると、顔色が変わるはずです。

第1に、年齢と死亡率の関係を示します（厚労省のデータを参照。図3）。

男性も女性も同じですが、60歳ぐらいから徐々に死亡する人が出てきて、80歳以上ではっきりし、100歳では死亡率は約半分になります。まずこのグラフで「人間は年を取ると死亡率が上がる」ということがわかります。

次に、年齢と血圧の関係を示します（図4）。

このグラフでは年齢とともに血圧が上がることを示しています。40歳代では血圧が130程度ですが、70歳を超えると平均の血圧でも150になることがわかります。

学生でも優れた学生なら、この3つのグラフを見たら、「先生！　ずいぶんインチキなことをしていますね。これじゃ、血圧と死亡率なんかまったくわからないじゃないですか！」と言うでしょう。

そうなんです。「年齢が上がる→血圧が上がる」、「年齢が上がる→死亡率が上がる」という2つのことを組み合わせると、「血圧が上がる→死亡率が上がる」というグラフになります。しかし、年齢が上がって血圧が上がる原因は血管壁が硬くなるからで、年齢が上がって死亡率が上がるのは人間の寿命（体の老化など）ですから、原因が違うものを1つのグラフにすれば、どんな結論も捏造できます。

たとえば、「年齢が上がる→シワが増える」、「年齢が上がる→死亡率が上がる」という2つを組み合わせると、「シワが増える→死亡率が上がる」ということになり、「シワを減らせば死亡しない」という荒唐無稽な結論が得られます。事実、最初のグラフをもとに政府や医師会は「血圧を下げれば死亡率が下がる」と言っていますが、そうであれば「シワがなくなれば死亡率が低くなるので、若いうちからシワを伸ばしておきましょう。また高齢者はシワを作らないように」ということになります。

一部を切り取るトリック

さらに、次のことを学生に示せば、それまで国や医学会は正しいことを言うと思っていた学生は驚天動地、目を丸くするに違いありません。

日本人の死亡原因のうち、脳血管疾患で死亡する人は8・7%、心疾患が15・2%で合計して23・9%にしかすぎません。だから、最初のグラフの縦軸は、血圧の効果を過大に見せるためにある疾患に限定しているので、「血圧が上がると死亡率が上がる」という程度問題を理解するためには、縦軸に0・239をかけなければなりません。つまり、グラフで160－180の人の死亡率が10倍となっていますが、実は10×0・239＝2・39倍ということです。

何かの一部だけをとって目立つようにしたり、効果を大きく見せたりするトリックはこの世では多くあるのですが、これもその1つです。大学でこんなことをしたら非難轟々ですから、学生は憤慨するでしょう。

ところがダメ押しがあります。特にこの本のように50歳以上100歳まで、その中心が70歳代という人生を考える上では、70歳代の次のグラフも見なければなりません（図5）。

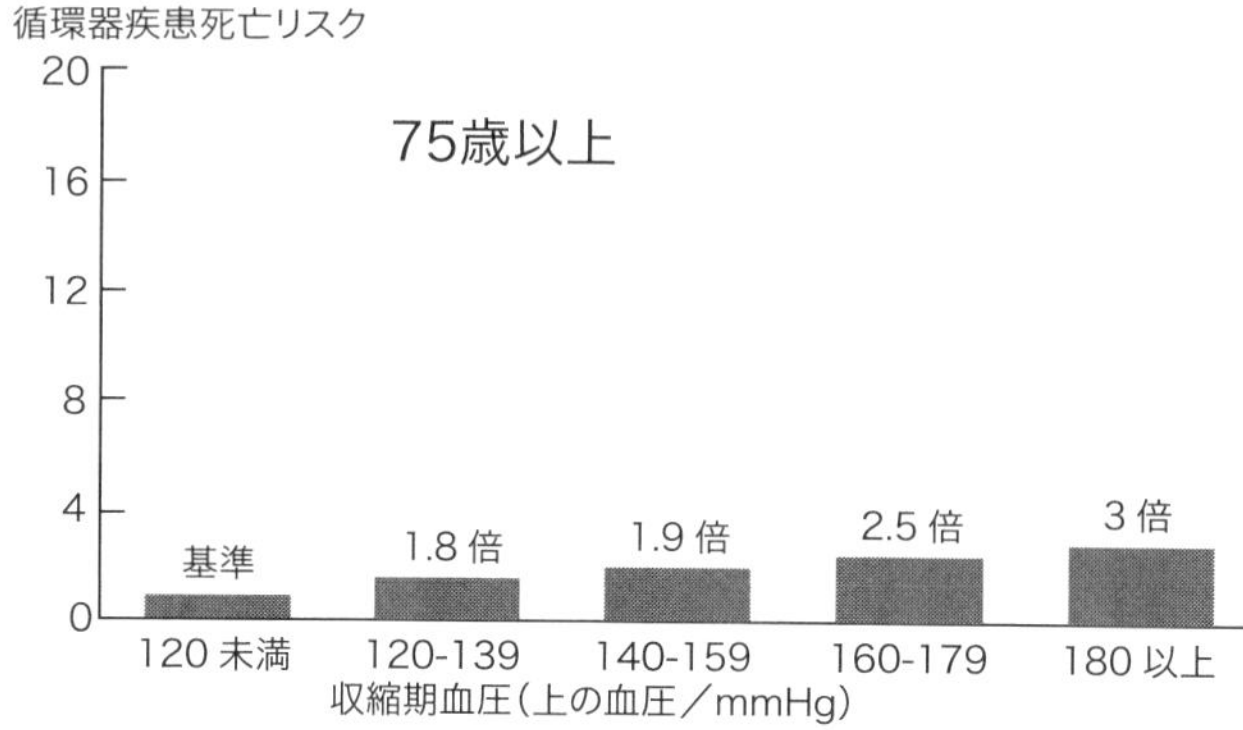

図5　75歳以上の収縮期血圧と循環器疾患死亡率（国立循環器病研究センター参照）

年齢を75歳以上に限定すると、血圧と循環疾患の死亡リスクの関係はさらに小さくなり、これに0・239をかけるのですから、ほとんど血圧の影響はなくなります。

さらにオチのダメ押しをしておきます。

東海大学の大櫛陽一先生（医学部名誉教授）は、『検査値と病気　間違いだらけの診断基準』の中で次のコホート研究（病気と要因との関連を調べる観察的研究）の結果を整理しておられます。この研究は、福島県郡山市（当時人口30万人）と神奈川県伊勢原市（同10万人）を対象として1999年度の老人基本検診受診者を2004年度まで追跡したものです。年齢別に分け、血圧を120以下、120台、130台、140から160、160以上の5つに分けて、縦軸に

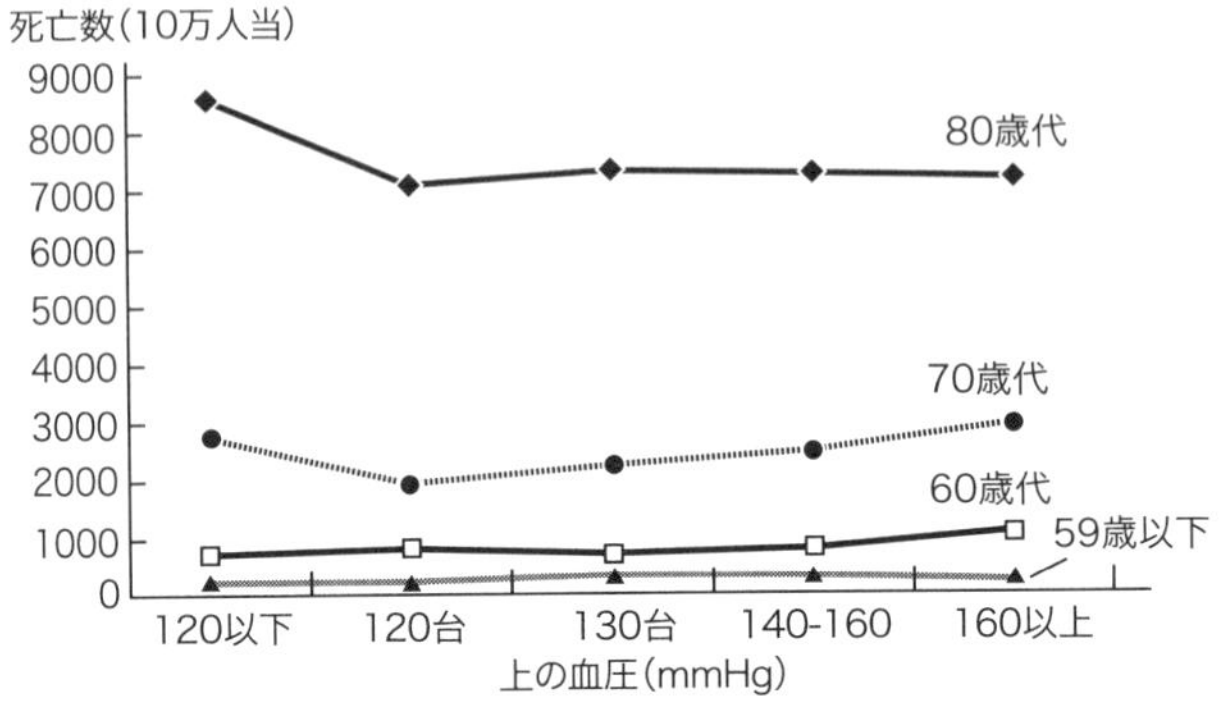

図6　男性・年齢別血圧レベルと死亡率

10万人当りの1年間の死亡数をとっています。どうなったでしょうか？（図6）

59歳以下のグループはもともとほとんど死なないので、グラフの下を這うようになっています。60歳代になると約800人から1000人、70歳代では2000人から3000人の人が死にます。そして現在の平均寿命では80歳代になると死亡数がぐんと上がり、7000人から8000人になります。

つまりすでに示したように、「年齢が上がると死ぬ」というごく普通の結果になっています。

でも血圧との関係では、60歳代ではほとんど関係なし、70歳代でもほとんどフラット、そして80歳代になると、血圧が高いほうがむしろ死亡数が下がっています。だから、最初のグラフ「血圧が上がると死亡リスクが上がる」と見えるグラフは、実は「年齢が上がると死亡する」という当たり前のことを示しているに過ぎないのです。

そしてさらに言えば、人間にとって死亡する危険が増えるのは、なんといっても「年齢」であって、「血圧」ではないということです。だから、健康を気遣って、おいしいものも控え、塩分も控えて味のないものを食べても、結局、年を取ると死ぬのですから、トータルの人生を考えれば「血圧など関係ない愉快な人生を送ろうではないか！」ということになります。

それは第2の人生ではさらにはっきりと言えると思います。

悪玉（必須）コレステロールとは

循環器系の病気に関して、血圧と並んで問題とされているのがコレステロールです。

特に「悪玉コレステロール」と呼ばれるＬＤＬコレステロールは、動脈硬化症を起こす原因かのように決めつけられて、目の敵にされています。一方で、ＨＤＬコレステロールは「善玉コレステロール」と呼ばれて、多ければ多いほどいいかのように思われています。

実は、コレステロールに関する最大の錯覚は、「悪玉コレステロール」「善玉コレステロール」という名前です。「善玉」「悪玉」の呼称は、NHKが名付けたと言われていますが、罪深いことをしたものです。なぜなら、LDLコレステロール（いわゆる「悪玉」）は、私たちが健康のために必要不可欠な必須コレステロールだからです。

はっきり言って、悪玉コレステロールがなくなって、善玉コレステロールだけになったら、人間はすぐに死にます。それはもう簡単に死にます。

なぜ、私たちの体にはコレステロールが必要なのでしょうか。それは、私たちの体は60兆個の細胞でできていますが、細胞を包んで守っているのは細胞膜で、細胞膜を作るのが主にコレステロールだからです。

生命の起源を遡ると、生命は海で誕生しました。水の中で誕生した命は、細胞膜が水をはじかなかったら、中の細胞質は水に溶けて流れ出てしまいます。もし、細胞膜がなかったら、生物は誕生しなかったでしょう。そうしてできた命だから、私たちの体に脂やコレステロールは必須です。

もっとわかりやすい例が魚です。人間を含めた哺乳類、さらに広く言うと脊椎動物の祖先は、ピカイア（ナメクジウオに似ている）という水棲生物だったのですが、それが進化した魚は、やはり全体を脂（脂質）で包まれていて水に溶けないので、海の中で生きていけるのです。

カツオという回遊魚がいますが、年がら年中、海の中を泳ぎ回っています。春には春ガツオ、そして高知沖からはるか北方へ泳ぎ、秋には戻りガツオとなって、私たちの食卓に上ります。延々と太平洋を泳いでいるのですから、ちょっとでも体が水に溶けたらカツオは泳いでいるうちに痩せこけて消えてしまうはずです。

人間は魚の子孫なので、皮膚も体の中の細胞も脂でできています。だから、血流にのせてコレステロールや中性脂肪を送らないと命を保つことができないのです。それがＮＨＫが「悪玉」と宣伝したＬＤＬコレステロールだったというわけです。

また、清潔になろうと皮膚をシャンプーやボディーシャンプーなどでゴシゴシ洗っている人がいますが、皮膚を溶かそうとしているとしか思えません。もともと人間の皮膚も顔も、表面についたわずかな脂を落とすことと、細菌が少し付着するので少量の界面活性剤で殺菌するぐらいが適当であることは言うまでもありません。

つまりメディアによって私たちは先入観を持たされ、「油（脂）は良くないものだ」と錯覚していますが、実は「油（脂）」こそが人間の体の主要な成分であり、大変に重要なものなのです。

コレステロール基準もおかしすぎる

コレステロールについては、古くはロシアのウサギの実験や北ヨーロッパでコレステロール値が350（単位はmg／dL。デシリットル当たりのミリグラムで示しますが、ここでは単位は割愛します）以上の特殊な人たちのデータをもとに、「規制しよう」という動きになりました。今となってはどうしてこんなポンコツなデータで規制を考えたのかは不明ですが、一説に製薬会社の圧力とも言われています。

日本人の場合、コレステロール値（一般に総コレステロールとかTCと言いますが、私たちは総コレステロールだけを知っていれば問題はありませんので、単にコレステロールと言えば総コレステロールのことです）はヨーロッパやアメリカに比べれば最も低い部類になります。コレステロールの規制より前の「心疾患死亡率」では、むしろコレステロール値が高いほうが死亡率が低かったのです。

日本の基準は、日本動脈硬化学会が、総コレステロールで200以下としてきました。これに対して、日本人間ドック学会は次のようにしています。

男性　　　　　　　　254以下
女性（30〜44歳）　238以下
女性（45〜64歳）　273以下
女性（65〜80歳）　280以下

簡単に言うと日本動脈硬化学会の方はコレステロールは200以下が良いと言い、日本人間ドック学会は250ぐらい（男性）までと言っています。この50の差はとても大きいのです。

また、本著の第2の人生で注目しなければならないのは、日本動脈硬化学会が一律の基準なのに対して、現実に測定している日本人間ドック学会が女性の年齢を分けているという点です。

女性は一生で何回か体が変わります。最初は一次性徴、二次性徴が起き、初潮が見られる時期で、児童から女性の体になります。そして出産などを経て、45歳から65歳までに閉経を中心とした体の大きな変化があります。更年期障害もこの時期で、人間以外の哺乳動物のメスはすべてこの時期に死にますが、人間だけは別の理由（お世話など）によって死亡しません。

人間ドック学会が示した女性の年齢別のコレステロールの変化は「人生は一定ではない」

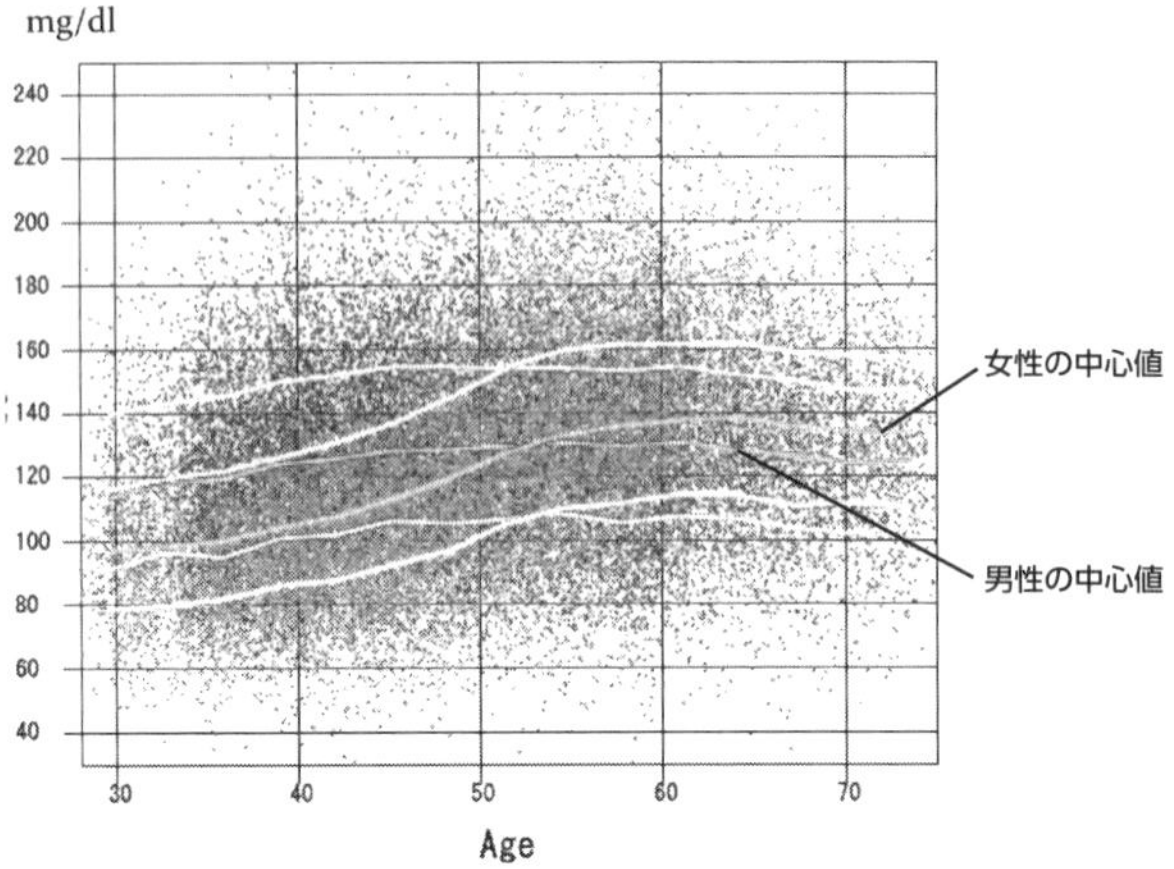

図７　実例呈示：血清コレステロールの基準範囲／ LDL コレステロール（「新たな健診の基本検査の基準範囲 日本人間ドック学会と健保連による 150 万人のメガスタディー」より）

という本質的なことを示した点で、極めて常識的ですし、この本のように50歳からの第２の人生を考える場合、公的な機関が女性は年齢によって体が変わり、それによって体の管理も違ってくることがわかるので助かります。

これに対して、血圧のところで示しましたが、日本高血圧学会は「人間は年も取らず、体に変化も生ぜず、男女の区別もなく、10歳から１００歳まで全員の血圧は１３０以下でなければばならない」というとんでもない基準を用いているので、本当に困ります。

また、コレステロールについて日本人間ドック学会はまた別の役に立つグラフを出しています。それが次の図７です。

この図は日本人のコレステロールの測定値を、横軸に年齢を取ってグラフにしたもので、ちょっと見にくいのですが1つ1つの点が1人1人の測定値、そして男性の中心値、女性の中心値を線で示しています。

でも、この図でわかることは、コレステロールの値というけれど、個人個人によってバラバラで多くの人が平均値と離れているということです。また、ほとんどが健康な人なので、「健康な人でも、たとえば男性では、必須コレステロールで80から160ぐらいの範囲だ」ということがわかる点です。つまり健康な男性だけをとっても2倍近くも人によって違うのですから、少しぐらい気にする必要はないことを示しています。

また、グラフを見るとコレステロールが60ぐらいから点が少なくなっていることにも気が付きますが、これは定年になったので人間ドックに行かなくなることを示していて、定年になったら「もう健康なんかどうでもよい」という国の政策を示している結果です。

しかし、第2の人生にとっては60歳といえば、いよいよ人生が始まるときですから、そこから急にどうでもよいというわけではないのです。

そこに本著の意義があるわけで、第2の人生を過ごす人が日本人の大半になっても、まだ「高齢者対策」とか「60歳定年制」、挙げ句の果てには60歳を超えれば健康なんかどうでもよいというような政策になっているのです。

でも、ある意味ではこの政策は正しいとも考えられます。つまり、第2の人生はすでに第

1の人生を無事に終わった人なので、あまり「健康、血圧、コレステロール」などと気にしなくても、のんびりと「余分な人生」を楽しむという心境にもなれるのです。

コレステロール値と死亡リスク

現在の日本人の場合、コレステロール値はむしろ高いほうが良いということもわかりましたが、コレステロール値が低くなると、どうなるのでしょうか?

かつて、大阪府立成人病センターと言っていた高齢者のセンターは現在大阪国際がんセンターに名前を変えていますが、1997年に八尾市の住民約1万人(40~79歳)を11年間追跡した調査があります。

それによると、男性の死亡リスクはコレステロール値は「240~279」がもっとも少なく、それより高くても低くても死亡数は多くなっています。女性の死亡リスクは、少し範囲が広く「200~279」がもっとも少なくなっています。いずれも現在の規制値200をはるかに超えています。

同じ調査で、コレステロール値とガンの死亡リスクとの関係にも触れていて、男性ではコレステロール値が高くなるほど、ガンによる死亡リスクは低くなる傾向にあります。つまり、コレステロール値が高いほどガンで死ぬ危険は小さいのです。

女性では、ガンによる死亡リスクは全体的に平均化していますが、その中ではコレステロール値「160〜200」がもっとも少なく、もっとも多いのはコレステロール値「160未満」でした。

コレステロールと死亡リスクの関係では、福井市老人保健法検診の追跡調査（1997年）、茨城県老人保健法・基本検診受診者の予後調査（2001年）などがありますが、コレステロール値が低いと死亡リスクが高いという同じ結果が出ています。

血圧にしても、コレステロールにしても、高齢者がガンになりやすい方向で健康指導が行われていますが、こんな奇妙なことがまかり通っているのは、(1)縦割り医療で血圧関係や動脈硬化関係のお医者さんは、ガンで死んでも自分は関係ないという態度、(2)降圧剤やスタチン（コレステロール関係の薬）が売れるからという噂もありますが、根本的には、(3)高齢者（第2の人生の人）が何で死んでもあまり関係がない、という従来の考えによっているからでもあります。

だからこそ、まずは第2の人生とは何か、をしっかり頭に入れてわが身や家族を守らなければならないことも分かります。

コレステロール値は食品によらない

　ところで、厚労省やコレステロールの関連学会は、長い間「コレステロールの多い卵や動物性の脂を控えなければならない」としていました。筆者の父は1974年に他界しましたが、50年ほど前から「卵や脂っぽいものを食べると、コレステロールが増える」といって、母はずいぶん、注意していました。多くの人が、卵は1日1個までとか、できるだけ肉の脂を食べないなど、注意をして生活していたのです。

　でも、この考えは科学的に実に奇妙でした。

　もともと、コレステロールは人体に必要なので、肝臓などで合成します。でも合成するのも大変なので、食事からコレステロールが摂れる場合は、それを利用します。つまり「もともとコレステロールは必要なので、必要な分だけ体の中で合成するが、合成は大変なので、食事から摂れる場合はそれを利用する」ということだったのです。

　それでも、前に述べたように食事からのコレステロールの摂取は20％くらいで、とてもそれでは足りないので、80％くらいを体内で合成するのが普通です。

　つまり、厚労省が言っていたことと正反対だったのです。厚労省はコレステロール値を抑制するために、コレステロールが多い食材を使わないようにしようという指導をしていたのですが、本当は、食事からのコレステロール摂取は圧倒的に少ない。体では仕方なくコレステロールを作っているのですから、むしろもっと積極的にコレステロールを食材から摂らなければならないのです。

この矛盾はあまりに大きかったので、ついに2015年になって厚労省は食事摂取基準を改定し、コレステロール摂取量の上限値についての記載がなくなったのです。

現在では、卵でも豚の脂でも安心して制限なく摂ることができます。家族性や遺伝性の病気の場合は、特定の病気ですから医師が食事の指導をしますが、コレステロール値が高いからといって、卵などの摂取を制限する必要はないのです。むしろ制限すると、体はコレステロールが足りなくなるため、余計な合成をしますから、悪い方向に行く場合が多いのです。

コレステロールに関連して、痛風についても触れておきます。

コレステロール値が高いと尿酸値も高くなり、痛風を発症しやすくなります。痛風は、風が吹いても痛いと言われるほど激痛を起こします。私も、48歳から痛風です。最初は、痛風の原因になる牛肉はいけないとか、ビール、大豆製品など、尿酸になるプリン体が多く含まれているものは食べないように指導されてきました。

ところが、プリン体は、コレステロールと同じように、体内合成量が70〜80%あって、食品から摂取されるのは20〜30％です。もしコレステロールやプリン体が多くなれば、体は合成量を減らして調節します。だから、発作が出ている時には少し控える必要がありますが、普段は普通に食べても大丈夫なのです。

私はお医者さんの意見も聞いていますが、痛風になりやすいのは、性格的に攻撃的であること、アルコールの取りすぎ、それに疲労と考えられています。

お酒は悪いものではありません。人間にとって、健康にとって、人生にとって、とても良いものです。産業医の調査では、お酒に強い人なら1日4合程度が良いようですが、私は1日4合を超えると、ちょっと体にたまるようになってきて、痛風も出てきます。昨年は痛風に苦労したのですが、それは一昨年の12月1日から昨年の4月30日まで、休肝日が1日か2日しかなかったからです。他の日は全部、宴会を伴っていてお酒を5カ月間飲み続けたところ、4月の終わりに痛風になりました。非常にわかりやすい結果です。痛風になったので少しお酒を控えたら、回復しました。

痛風になると、原因となる尿酸を含んでいるビール、牛肉などを控える傾向があります。しかし、発作が起きているときやその直後はいけないのですが、発作が収まってからは、むしろビールや牛肉を取らないと、体はますます尿酸を合成してしまうので、その後の人生では好きなビールや牛肉がまったく食べられないという事態に陥ります。

死にたい気持ちがなくなればガンもなくなる

日本人の死因の1位であるガンについて考えてみます。

ガンの専門医に聞いたところによれば、90歳ぐらいでこの世を去る人は、体の中に、ガンが5つぐらいあるそうです。言い方を換えれば、高齢になると、ガンと共存して生きていけるということです。

ある県のがんセンターの理事長と対談した時、私が、「ガンは早期発見が大切ですから、検診を受けたほうがいいのでしょうね」と尋ねると、理事長は、

「そうとも言えないんですよ」

とお答えになったので驚きました。

私がビックリして聞き返すと、理事長はこうお話しになりました。

「若い頃のガンは、早く進行します。しかし、忙しいのでガン検診は1年に1回くらいしか受診できない。そうすると、ガンが小さい時には見つからなくて、進行が早く、手遅れになることがあります。ガンは発見できるけれども、手遅れになるまでの期間が短い。だから若く忙しい人がガンを早期発見することはほとんどできません」

本当にびっくりしたのですが、続けて、本書で言えば第2の人生でのガンについてこう話してくれました。

「でも、年を取ってからは、暇もあるし、ガンもゆっくり進行するから発見されやすいのです。たとえ発見されても、治療をする必要がない場合も多いのです。

それより、ガンは死にたいという自分の気持ちからできるのだから、死にたいという気持ちがなくなればガンもなくなっていくのです。死にたいという気持ちをなくすほうがいいかもしれませんね」

それを聞いて、私はさらに驚きました。ガンについては、専門家でもいろんな意見があるものだと思いました。

2015年、日本人のガンによる死亡者数は37万346人にのぼり、全死者数の28・7%を占めました。1981年以降、日本人の死因の1位はガンが続いています。

今では、日本人の2人に1人が生涯でガンになり、3人に1人がガンで亡くなっています。

「病気別の死者数」をグラフの縦軸に取り、「年齢層」を横軸に取って見ると、年を取ってから増えてくるのはガンです。ガン年齢は、男性で70歳代から、女性では80歳代から急増しているのがわかります。

ガンという病気は、戦後まもない昭和30年代にはすでによく知られていて、医学的にも注目されていました。しかし、一般の人は、今ほど神経質に注意することはありませんでした。

戦争で若い人が多く亡くなった直後でしたし、脳卒中や結核のほうが恐ろしい病気だったので、ガンどころではなかったのです。その後、戦争の影響が一段落した頃から、寿命が延びてきたこともあって、ガンという病気について騒がれるようになりました。

身近な若い人たちがガンによって悲惨な死を遂げるのを見て、多くの人が恐怖に駆られました。その頃は、非常に乱暴な手術が行われて、多くの人が命を落としていたようです。そのうえ、テレビが視聴率を稼ぐために、発ガン性物質を大々的に取り上げました。たとえば、ご飯のおこげなどについても、取り上げていました。当時は、かなりエキセントリックな騒ぎ方でした。でも、今では、おこげはガンにはあまり関係ないと否定されています。

その後、胃ガンや乳ガンが、若い人が命を落とす大きな問題になってきたので、本格的に研究が進み、そのためかだんだんと騒動が落ち着いてきました。

第2の人生ではガンは怖くない

では50歳以上の第2の人生において、ガンとはどのような存在なのでしょうか。

最初に結論を言えば、第2の人生ではガンは怖くはありません。

第1の人生ではガンが非常に心配なものでした。特に、第1の人生で30歳代、40歳代の人がガンになると、それで人生が終わりになるような、精神的に大打撃を受ける人が多いでしょう。でも第2の人生ではそうではありません。

なぜかといえば、1つは、第1の人生では、生きているのがふつうだからです。自分がこの世に生を受けてから50歳までは生きるのが義務のようなものですから、それが否応なくガンによって中断されたりすると、人生が真っ暗になってしまいます。

しかし、第2の人生ではガンの受け止め方が変わります。すでに人生が1度、終わっているので、ガンの重みがまったく違ってきます。

実際に私がそうで、私は50歳までに肺ガンの検診で引っかかったことがありました。その時はやはり、ゾクゾクッとしましたね。本当にイヤなものでした。

しかし、第2の人生では、「運が悪ければ、ガンになることもあるかな」と、思うようになりました。将来を不安がるよりも、「今日を充実させて過ごそう」とか、「今日は、若いお姉さんのいる店に行って、一杯やろう」と、今、生きている自分を大切にするようになりました。こういう心理的変化があります。

また、先のがんセンターの理事長もお話しになったように、第2の人生では、ガンを発症しても、その進行が遅いということがあります。

ガンは、丈夫な体が病原菌に襲われて発症する病気ではありません。自分の体の細胞の遺伝子が異常を起こしたまま増殖して、〝自殺〟する病気です。ガン細胞は、自分自身の細胞です。つまり、自分の体の中に「死にたい」というものが発生する。「死んでしまいたい」という気持ちに連動して、体が作るのがガンなのです。

ところが、第1の人生と第2の人生では、生きる意義が違います。第2の人生の意義を知れば、生きるのに必死になることもなく、同時に「死にたい」「死んでしまいたい」というような厳しい気持ちも起こりにくいので、ガンもそれほど増えません。

さらに、ガンを受け流すことができるので、ガンは恐くないのです。自分の体の中にあるガン細胞に、「もう少しだから、しばらく、おとなしくしていてね」という感じで、対応すればいいわけです。

ガンの治療には、外科療法（手術）、放射線療法、化学療法（抗ガン剤）の三大療法が多く行われていますが、それに対して、ガンと一緒に人生を過ごすという選択肢もあります。ガンを敵視して撲滅しようとすると、もともと自分の体の一部のようなものですから、うまくいかないときもあります。

「ガン治療で病院に行くほど寿命が短くなる」という統計を見たこともありますが、まさに他の病気と異なるガンの本質を見るようです。

では、ガンと共に生きるためには、どうすればよいのでしょうか。

まず、つらいことはしないことが大事です。これは当たり前です。ガンというのは自分自身が死にたいと思うことで、できてくるとも言えますから、つらいことはしないということが必要です。

第1の人生では、第1線を生きるための目標を置かなければならないので、人生がつらいこともあります。ところが第2の人生ではすでに第1の人生の目標は達成していますす。自分は社長になりたかったけれども、なれなかったというようなことも含めて、すでに目標は達成しているのです。そこで1度目の人生は終わっているのです。

ですから第2の人生では、目標は立てても、つらいことをしなければいいわけです。

ガンの専門医の「ストレスとガン」についての研究には「これ以上やりたくないなと思った時に止める」とありました。

「これ以上やりたくない」というのはどういうことか。人間というのはつらいこともしたいという気持ちもあります。頑張ってつらいことをすると達成感があるのです。でも、「これ以上やりたくない」という瞬間もあるのですから、そこで引けばいい。引けるのです。引いても何の問題もありません。なぜなら、第2の人生では「なにがなんでも」目標を達成する必要はないからです。

楽しく生活していればいい

ガンの予防や進行を防ぐためには免疫細胞を常に活発にしておくことが必要です。

人間の体は、自分で自分を守るようにできています。たとえば、紫外線を例にあげると、強い紫外線は、架橋といって、遺伝子の高分子を結合させて遺伝子変異を生じさせ、それが皮膚ガンになる場合があります。その紫外線の害に対して、アメーバのような原生動物ですと、だいたい五段階の防御作用を持っています。人間のような高等生物になると、皮膚ガンに対して、二十段階もの非常に他種類の防御系を持っています。

さらに言えば、ガン細胞が体の中でできかかると、それに対して、「NK（ナチュラルキラー）細胞」や「NKT（ナチュラルキラーT）細胞」などの免疫系が働いて、初期のガンを攻撃するわけです。そのほかに、白血球がガン細胞を攻撃する際に作り出すTNF（腫瘍壊死因子）もガンに対して働きます。

要するに、このような免疫系をいかにして高めるかが、ガンにならない生活のポイントになるというわけです。

しかし、現代の都会的な生活をしていると、免疫系が衰えてしまいます。あるいは、お風呂の温度を下げるだけで免疫の働きが落ちる。過度の心配やストレスも、免疫系が落ちると言われています。

私が実際に行っている免疫力を高める対策は次のようなものです。

まず、血圧を高くして、熱い風呂に入ることが必要です。

でも、風呂に入るのは、特に冬の寒い時期は危険です。急激な温度の変化で血圧が変動するからです。暖かい暖房の効いたリビングから寒い脱衣所に行き、さらに熱い風呂に入る。血圧にとってよくないのは明らかです。

その危険を回避するためには、ケチらずにお風呂場のバスタブの蓋をあけておけばいいのです。お風呂場の温度をお湯と等しくしておく。

危ないのはお湯に入る瞬間です。ですから私はまず、少し熱めの風呂で腰湯をします。3分から5分くらいでもう血圧が安定しますので、その後、少しずつ、体を湯船に沈めればいいということです。

免疫細胞を活発にするためには、そのほかにも次のようなものがいいと思います。

まずは日光浴と運動。日光浴と運動は本来、生物である我々には必要なことです。

日光浴は1日15分でいいと専門家は言います。できるだけ外を歩いたり、たまには庭仕事をしたりすれば、1日15分の日光浴は簡単にできるのではないでしょうか。運動は、好きなだけやればいいと思います。3時間以上立っていることも運動になります。ですから、台所仕事も立派な運動です。運動は、座っているだけではなくて、足に負荷をかけることが非常に大切です。

それから、食事のバランスも重要です。でも簡単に言えば、食事はやや日本食にするよう意識して、好きなものを食べればいいのです。

我々の味覚というのは何のために存在するのか。動物はおいしいものは食べ、おいしくないものは食べないのです。ですからおいしいものは必要なものだと言えます。そううまくできています。よほどの偏食をしないのであれば、動物に栄養学はいりません。

そして面白いのは、精神的なストレスがあると偏食になります。精神的なストレスをできるだけ除いておけばバランスよく食事がとれる。おいしいものをおいしく感じることができます。すると免疫が活発になります。

第1の人生で偏食があり、肉が好きだったとしても、年を取って老人になると、好きではなくなったりします。嫌いだったものでもおいしいと思うようにもなる。それでいいのです。おいしいと思うものを食べると、免疫が活発になる手助けをします。

ただし、食べ物の種類は多いほうがいいということはあります。いろんなものを食べたほうがいい。なぜかというとガンや肺炎の進行を止める免疫系に使う化合物は非常に複雑なので、それらを合成する原料も多種多様のものが必要なのです。やや食材の種類は多めにするのが正解です。

ですから、たとえばラーメンばかり食べていたら、それ自体は悪いことでもないのですが、ラーメンの中の材料の種類が少ないので、免疫系を作る物質の原料不足になります。野菜も肉も食べなければなりません。野菜だけに偏しても駄目なのです。

肉も大事です。野菜も肉も米粒も食べ、パンは米粒より減らして食べて、ときには辛いものも甘いものも食べる。食べるものは体の、免疫の原料です。そう思って多くの種類を食べるようにしましょう！

肺ガン増加の謎は解けていない

ガンの中でも、70歳代から80歳代になって、急激に死亡者数が増大するのが肺ガンです。この肺ガンについては、タバコが原因だというので、１９８０年代から禁煙運動が始まり、２０００年ぐらいには禁煙運動が成功を収めました。その20年間で、喫煙率も減り、さらに、２００３年には健康増進法が施行されて、受動喫煙を防止するために公共の施設内での分煙が徹底されました。

日本たばこ産業（ＪＴ）の「２０１７年全国たばこ喫煙者率調査」によると、成人男性の平均喫煙率は28・2％で、成人女性の平均喫煙率は9・0％です。成人男性の平均喫煙率は１９６６年に83・7％でしたから、50年間で約３分の１に激減しています。成人女性の平均喫煙率は、同じく１９６６年には18・0％でしたから、50年間で半減しています。

それなのに、肺ガンによる死者数は、年々増加傾向にあるのです。

喫煙や受動喫煙が減っても肺ガン患者が増える理由については、「長期間喫煙した人が肺ガンになる」とか、「高齢者が肺ガンになっている」という医学研究者がいます。

しかし、私は、肺ガンになる人の年齢を補正したり、データを整理したりしてみましたが、肺ガン死が増える理由としては、これらの説明では辻褄が合わないのです。

世の中のガン対策と逆行するように、ガンが増え続けるのは、ガン対策をすることによってガンを増やしているのでないか。もしかしたら、世の中の生物には、発ガン性物質が必要なのではないか。もっと言えば、発ガン性物質の作用によって、ガンの発症を抑えているのではないか。私には、そうとしか考えられません。

こういうことを言うと医療関係者から顰蹙《ひんしゅく》を買いますし、世間から総攻撃を受けるのですが、私はタバコに発ガン性物質が含まれているのを認めていないわけではありません。たしかに、タバコには、発ガン性物質は含まれているのは認めています。

発ガン性物質の作用によってガンの発症を抑えていると私が考えるのは、単なる〝逆張り〟ではありません。

少量の発ガン性物質や、毒物が生物の体に健康効果をもたらす現象が知られています。たとえば、特定の放射線を強く受けると、遺伝子を傷つけてガンを発症する危険がありますが、少量の放射線は、逆に健康効果をもたらすのです。この作用については、放射線ホルミシス効果の名で知られています。

また、私たちが利用する薬の多くは、多量に体内に入ると、死に至るものもあります。その毒を、〝毒を以て毒を制す〟のように、体内の病原菌やウイルスに対して治療薬として使っている場合もあるのです。

無菌環境で育てたマウスは通常の環境に置くと病気にかかりやすいという実験結果がありま す。私たちの体も、無菌状態に近い生活が続くと、病気に耐えられなくなるのではないでしょうか。

私たちを取り巻く環境には、バイ菌と呼ばれる細菌、ウイルス、有毒物質、発ガン性物質などが身の回りにあります。それらの有害物質や人間の目から見ると有害に見える生物と関係しながら、私たちは生きています。極端に言えば、細菌やウイルス、有毒物質、発ガン性物質がないと、私たちは生きることができないというぐらい、相互の関係は密接です。

ガンが注目されだしたのは１９６５年頃からで、１９７５年頃からは「ガンの撲滅」が叫ばれ始めました。そして、一般国民が接する機会が多い発ガン性物質の製造や使用が次々に法規制されました。

たとえば、食品添加物では、１９６９年にチクロ（人工甘味料）とズルチン（人工甘味料）、１９７４年には、ＡＦ‐２（防腐剤）が禁止されています。社会的に大きな問題となったもので言えば、１９７５年にＰＣＢ（絶縁材料）が禁止され、最近では２００６年にアスベスト（建築資材、電気材料等）が禁止されています。

このように、食品中の発ガン性物質を禁止したり、工業や研究で使う化学薬品についても、どんどんと人間の環境から排除していったわけです。

しかし、発ガン性物質の法規制が厳しくなるのに反比例するかのように、ガン死亡者は増加の一途をたどっています。

そして、最後に残ったのがタバコです。

つまり、私たちの身の回りから、発ガン性物質がどんどんなくなり、我々は発ガン性物質に関する無菌状態に近いような環境に置かれているということです。

人間の体の中には、ガン化を止めるための多種多様の機能が備えられています。前に触れましたが、ガン細胞への攻撃を行う免疫細胞には、「ＮＫ（ナチュラルキラー）細胞」や「Ｔ

細胞」、それらの性質を併せもつ「ＮＫＴ細胞」などがあります。また、ＴＮＦという非常に激烈な腫瘍壊死因子のタンパク質が免疫細胞から分泌されて、固形のガンを壊死させる役目を担っています。このＴＮＦについては、私は研究の一端を担当していましたので、少し詳しいのですが、ガンにかかった動物の血中にはガンを退治するものが急速に増えるのです。

ちなみに著者が担当した研究は次のようなものです。

腫瘍壊死因子の研究をするには、腫瘍壊死因子そのものを取り出す必要があります。そこでかわいそうでしたが、ウサギをガンにしてその血を採取します。そしてマイナス10℃ぐらいの冷凍庫の中で分離をして、ウサギの血の中にわずかにある緑色の腫瘍壊死因子を取り出すのです。

この腫瘍壊死因子はウサギがガンにかかっていない時には、あまりにも少量で取り出すことはできませんでしたが、ガンにかけると一気に増えるので分離して取り出すことができました。この経験から、著者は「なんて生物の体に備わっている防御はすばらしいのか！」と感激したことがあります。

取り出した緑色のものを医師があらかじめ皮膚ガンにした動物のガンの部分に塗ると、かさぶたのようになって無くなってしまうのです。今では、ガンの研究は当時と比較にならないほど進みましたが、やはり体に備わっている防御系（免疫など）はとても優れているとされています。

「高齢者」の健康情報が少ない

ただし、免疫系のシステムやメカニズムについては、すべてが明らかになっているわけではありません。ガンには、血圧や血中コレステロールなども複雑に関係しています。

科学というのは、要素ごとに分けて検討する見方（これを「還元的」と言います）と、総合的にどうかという見方（俯瞰的）の両面からの検討が必要です。

にもかかわらず、たとえば血圧やコレステロールでもひとつひとつの症例や実験の数値だけを測定して、個別の要素ごとに、「血圧を下げればいい」「コレステロールを下げればいい」などと言うのは、非常に偏った、非科学的な考え方です。

先にも述べたように、血圧は高いほうが栄養も酸素も、病原菌を殺す白血球やガンを殺す免疫細胞も、体のすみずみまで送ることができます。その一方で、血圧が高ければ別のリスクがあって、血管が破れることもある。だからといって、血管が破れないように血圧を下げると、今度は、体の中に行き渡らせる必要がある酸素と栄養が不足する。酸素が不足するとガンが増える、と警告しているガン専門のお医者さんは多いのです。

その理由は酸素が不足するからかもしれませんし、TNFのようなガン抑制物質が、血液で運ばれなくなるからかもしれません。

そして、血圧を下げたり、コレステロール値を下げたりするとガンになりやすいのと同じ理屈で、タバコを吸うほうが、前述した放射線ホルミシス効果のように、肺ガンを少なくできるという考え方があります。たしかに、タバコの煙自体には発ガン性物質が含まれていますが、微量のタバコの発ガン性物質の影響によって、体がガンをトータルに減らしていると指摘する研究者もいるのです。そうだとすると、タバコを撲滅することは、ガンの撲滅には意味がありません。むしろ逆効果です。

また、ガン細胞の増殖を防ぐためには、ガンのもとを完全に取ってしまえばいいのか、どのくらいの量に抑えればいいのかについては、まだわかっていません。

その意味で、今、血圧を下げる運動をしている人や禁煙運動をしている人、とくに副流煙をなくそうとしている人たちは、極端な言い方をすると、他人を死に追いやっている可能性だってあるかもしれないのです。

科学は力を持っています。生半可な知識や思い込みで、「タバコをなくせばいい」「塩辛いものを控えたほうがいい」などと言うのは危険です。つまりキャッチフレーズに飛びつくなということです。一部の人たちにはいいかもしれませんが、人類全体で考えれば死亡率を上げることにもなりかねません。禁煙運動や血圧を下げる運動をしている人たちは、もしかしたら、間接的に他人を死に追いやっていることになる危険性があると考えるのが誠実な科学者なのです。ですから、科学者は、もっと慎重になるべきです。わかっていないことが多いからです。科学は便利であると同時に、危険なものでもあるということです。

タバコの肺ガン抑制効果については、まだデータははっきりとはしていませんが、女性の肺ガンと乳ガンが増えているのは、夫がタバコを吸わなくなってきたからではないかと考えるのが最も普通の思考と思います。それがいかに「非常識」のように見えようと科学とはそういうものです。

また、禁煙運動が行き過ぎると、タバコを吸うという楽しみを奪うのですから、人に大きなストレスを与えることになって、精神的な疾患を引き起こしかねません。ストレスが、ガンや精神的な疾患、一般の病気にしても、大きな因子になっているのは間違いありません。私の考えを言えば、肺ガンの原因は、タバコではなくて、住んでいる環境などによるのではないかという仮説を立てています。

健康のためには病気についてよく知識を得ることが大切ですが、実はこれが第2の人生を生きる人達にとって難しいのです。

なぜ第2の人生での血圧やコレステロール、中性脂肪、痛風などに対する知識が得られないのか。それは血圧やコレステロールの整理でわかったと思いますが、「高齢者の健康などどうでもよい」という基本的な政策がもとになっています。だから、出回っているグラフを見ると60歳以上は一括りにされていたり、20歳を基準にして値を決めたりしています。でもそれもある意味ではやむを得ないのです。なぜなら、50歳から100歳までの第2の人生を送る人が日本人のほとんどになったのはごく最近だからです。

肥満についても少し触れておきます。肥満で注意しなければならないのはせいぜい70歳までです。80代、90代のお年寄りで肥満はほとんどいません。お年寄りは活動量が少なくなり、消化器官も弱ってくるので、肥満になる余地がないのです。むしろ、年を取っていると小太りの人はガンにかかりにくいのですが、それは毎日楽しく生きて食べて気軽な生活をしているからです。

ある意味では、第2の人生では痩せるのも危険です。誰でも痩せることをよいことだとするのは、50歳より前の第1の人生の時とも言えます。

このように第2の人生の健康は、第1の人生と全く違ってきます。まだ社会の認知を受けていない現在では、早く第2の人生の概念を作り、自分なりの健康法を編み出していく必要があります。

第5章

「定年」のウソ

50歳から土日はない

一所懸命働いてきた旦那さんが定年退職した途端、「大きなゴミ」だと言ってみたりする奥さんがいます。「邪魔だから、どこかに行ってほしい」と言ったりもしますね。

これはもっともなことで、実際問題として〝粗大ゴミ〟なのです。「生物として生きている意味がない」のだから、他に意味が見つからなければ〝粗大ゴミ〟です。旦那さんを粗大ゴミだと罵る奥さんも〝粗大ゴミ〟です。ただ、奥さんのほうは「お世話」という役割があればちょっと違ってくることは前に述べました。

つまり、準備をせずに第2の人生に突入すると、私たちは「なぜ、生きなければならないのか」ということの理論も概念もないまま生きる羽目になり、〝粗大ゴミ〟になるということです。「粗大ゴミ」というのはひどい言葉のように思いますが、生きている人が「なぜ、自分は生きているのか」が分かっていないのですから、厳しく言えばゴミとも言えるのです。だから、第2の人生の意義を整理していかなければなりません。まずは、仕事について考えてみます。その概念はまったく第1の人生とは違います。

第1の人生では、たとえば1日8時間労働、そして土日を休みます。今ではもう少し休みが増えましたが、「お休み」と言うように、日曜日は体を休める安息日なのです。つまり仕事するのが当たり前で、生計を立てるために仕事をする、次世代を作っていく、そういうことが人生です。「仕事」とは、第1の人生では「お金を稼ぐ」ことを目的としていました。

でも第2の人生では違います。60歳までは助走期間として第1の人生と同じ仕事をしているかもしれませんが、その期間も意識は変えていったほうがいいでしょう。

まず、第2の人生での仕事の「時間」について考えてみます。それは平均して1日5時間という感じでしょう。1日5時間、土日はなくてもあってもどっちでも良いという感じだと思ってください。

なぜなら、第1の人生で土日を休むというのは、月曜から金曜までフルに働いて、疲れ切ることを前提に、設定されているからです。

ところが、第2の人生ではフルに働くということがありません。目的が違うのですからフルで働く必要はないのです。だから休日はあってもなくてもいい。日曜日を休んでも休まなくても、そんなことは全然関係ありません。「労働時間」という考え方そのものからまずは離れる必要があります。

また、会社などの組織とは関係がないのですから社会のシステムに合わせる必要もないのです。現在の社会システムは第1の人生、つまり生物学的に意味のある存在のためだけに作られているものだからです。

社会と関わるのが「仕事」

次に「仕事」という概念には何が入ってくるか、です。

第1の人生では、「仕事」は仕事です。会社に勤める、商売をする、これが「仕事」です。ところが第2の人生の「仕事」は違う。社会との関わりを持つ、これが「仕事」です。

まず第1の人生と同じように、会社に勤めて社会との関わりを持つことが考えられます。将来、70歳くらいまで定年が延びたり、あるいは定年というものがなくなったりするかもしれませんが、でも会社に勤務し続けるのには限界があるでしょう。

では、趣味で社会との関わりを持てばいいのか？　でも仕事か趣味かという考え方自体が、第1の人生で仕事を中心に考えて生きてきた延長線上の概念です。

実は第2の人生で、「趣味」というものはありません。自分がしたいことがあれば、それが第1の人生の時の趣味であろうとなんであろうといい。要は、人や社会と関わることができれば、それが何であろうとよいのです。ですから、ここでは社会と関われないような趣味は「趣味」のうちに入れないことにします。

私は今、テニスとキックボクシングをしていますが、これは私の第2の人生では立派な「仕事」です。遊びではありません。

テニスをするには、相手が必要です。テニスコートも借りる必要があります。そうすると、身の回りにだいたい10人、20人の人間関係ができます。だからテニスは、ここでいう第2の人生における「仕事」だというわけです。

もう少し整理しておくと、つまり第2の人生の「仕事」とは、「社会との関わりにおける自分の時間の消費」と言えます。そしてそれは1日5時間程度です。

ですからたとえば飲みに行くとします。1人で飲みに行ったら、これはプライベートな時間ですが、みんなで寄り合って、食事をしたり、酒を飲んだりするのは第2の人生では「仕事」です。

飲んだり食べたりしているときに、いろんな企画ができたりします。「今度、日光に行こうや」となるわけです。飲むのも仕事なら日光に行くのも仕事なので、仕事中にそのようにプランが生まれるのです。

女性にとっては買い物も「仕事」です。もちろん旅行にいくのも「仕事」。

そして本来の仕事も「仕事」です。

ただ収入のことも考える必要があります。もう死ぬまで全然お金の心配はない、という人はいいのですが、普通は、「お金が入る仕事」と「お金が出ていく仕事」に区別をする必要があります。誰でも小遣いは欲しいでしょうから、できるだけ「お金が入る仕事」をまず中心にする。そして、「お金が出ていく仕事」、たとえば飲み会や旅行はやや後回しにする。そういう優先順位付けは必要だと思います。

私は、スケジュールをパソコンで管理していますが、お金が入ってくる仕事はオレンジ（やや暖かい感じ）、お金が出ていく仕事は薄いブルー（少し寒い感じ）でつけます。そうすると、おおよそのお金の出方がわかる仕組みです。

ちなみに、先日、ある人口30万人程度の地方都市で、長く自営業を営んでいる方とお話ししたところ、人口20万人から30万人くらいの地方都市でも、80歳くらいまでは、お金が入って来る仕事はあると言っておられました。あまり好き嫌いをしなければ必ずありますということでした。

さて、1日5時間というと、実はかなり時間的余裕がありますが、まず「仕事」をする。その後は、家で料理を作ったり、ちょっとぶらぶらしたり、休んだりする時間です。

1日8時間労働が、1日5時間労働に変わる。大幅に生活に余裕が出ますから、必ず悠々自適になります。

人に感謝されるための下準備

第2の人生は他人に感謝されることが重要です。

なぜかと言えば、先に説明したように、他人に感謝されなければ自分の命が尽きるのが生物の原理原則だからです。他人に感謝されるというのが唯一の生存理由であり、自分に生命力を与えてくれます。

ですから、「仕事」は他人に感謝されることを探せばいいということになります。

では、その第2の人生の「仕事」とは、どのように獲得していけばいいのでしょうか。私の例を中心にお話ししますが、少し特殊なのでそれも加味して読み進めてください。

40歳を少し超えたくらいの頃、会社の上の人から次のように言われました。

「武田くん、人生は全部が順風満帆に行くわけじゃないから、君は技術力もあるし、論文くらい書いておいたらいい」

私は意味がわからなかったのですが、一所懸命、論文を書きました。これが後になって大学に勤めるときにものすごく役に立ちました。私が大学に転職できたのは、優秀だったから、という理由ではないと思います。やはり「論文が何本ある」というようなことが非常に重要だったのです。

もう1つ、これも40歳くらいの時、私の大学の恩師がこう言ってくれました。

「武田くんは大学の非常勤講師なんかも、なんでもやっておいたほうがいいよ。大学なんかに行くときにはやっぱり教育実績というのは重要だからね」

ですから私は、東北大学など、様々な大学で非常勤講師をしました。

それが私の第2の人生に役立ったのは言うまでもありません。会社の上司や大学の恩師のおかげで、スムースに第2の人生、つまり、大学に転職できたのです。

会社勤めをしていた当時、周囲を見ると、こんなこともありました。私は技術職でしたが、営業担当の人は文化系なので、世の中での立ち回りが上手で、自分の将来を考えて取引先と親しくしていました。自分が定年になったら取引先の小さな会社に引き取ってもらおうという意図があって親しくしているのです。

私はそれを見て、「なるほど、技術系は硬直的な考え方で、どちらかというと会社に忠節を尽くすという感じになっているけれども、営業はえらいなあ」と思ったものです。

また、会社で仕事に関係する資格を取る人がいました。私は原子力が専門でしたので、周囲には原子力関係の資格を取ったり、危険物取扱者の資格を取ったりする人がいました。しかし私がいつも部下に言っていたのは、「そういうのを取らないで、何か違うものをやったら？」ということです。ちょっと頭の回る人は、たとえば司法書士などのような定年のない職業の資格を取るのです。理科系では、電気の好きな人で電気工事士などの資格を取っている人がいました。私の現在の友達にもそういう人はいます。

そのような資格のほうが、年を取ってから、司法書士事務所を開いたり、電気屋さんと親しくなって時々仕事をさせてもらったりすることができるし、実際そうしています。

資格というとすぐ国家資格のようなものが頭に浮かぶと思いますが、私の知り合いはその中でも、「何かを指導する」という基準で身につけるものを選んでいたということです。昔であれば、習字やソロバンなどがありましたが、今ならパソコンの設定などでもいいかもしれません。

他にも、プレゼンテーションが下手な人の指導をしている知り合いがいます。自分の仕事でプレゼンテーションの指導の技術を獲得し、少しその指導キャリアも積んでいました。学校で教えたりして経験を積んだということです。そして、今やそれが「仕事」になっています。

こういう第2の人生の「仕事」を見つけるにあたっては、若干、女性のほうが有利な気もします。というのは、女性のほうがどうも人に関わる仕事をしている人が多いのです。将来はわかりませんが、現在ではコミュニケーションを仕事にしているというような女性が多いように思います。また、女性は自分の友達が付き合っている友達と食事をしたりすることもあり、そんなことをしながら人付き合いを大切にしています。何かの時に話をしたり、相談したりするためにそこで関係をつけておくというしっかりした考え方を持った人がいます。

その点、男性、それも技術職などはもともと人間関係が下手で、口も達者ではない。会社の人と付き合うよりも1人で何かしたほうが良いという人が多いので、会社に勤めている時には忠実に仕事をこなすことができるのですが、定年になると途端に元気がなくなってしまいます。

いい加減に仕事をしてよいということではないのですが、第1の人生の間でも、常に第2の人生のことを考える、会社から一歩離れて考えることも大切であることがわかります。

ここまで紹介したような事例は、第2の人生のタネのまき方です。このようなタネまきは、40代までに行っておきたいところです。すでに40歳代も後半だという人は、人に感謝される、つまりはここで紹介してきたように、何かを指導する技術を自分が持っていないか、探してみてください。

お金と人情を貯める

第2の人生にも生活をするためのお金が必要です。

第2の人生を支える金銭的基盤には2つあります。1つはお金。もう1つは人情です。

まず、お金ですが、年金を大きく当てにするのは危険です。年金はインフレなどで目減りする可能性もありますし、いつまで継続されるかもわかりません。年金は収入の一部だと思ったほうがいい。

ですから、自分でお金を貯めなければいけないのです。第2の人生の50代は、極力お金を貯める。50代から、第2の人生の50年分に必要なお金を貯蓄する必要があります。そのためには、自分の仕事のほかに一所懸命アルバイトもして、お金が入ることは何でも全部しておくことが必要です。そしてお金はできるだけ使わない。

なぜならば第2の人生の中では50代がいちばん恵まれているのです。体の状態、仕事のチャンス、能力に恵まれています。そのような環境が全部整っているので、60歳からのお金の大半を50代で貯め込むことが大事です。

お金と並んでもう1つ重要なのが人情です。つまりは「恩を売っておく」ということです。簡単に言えば「母親の愛」です。母親は無償の愛を子供に注ぐので、子供は母親が年を取ってもずっと心配で、気を配り、必要に応じて面倒を見ます。それと同じような関係を他人と作るわけです。

「母親の愛」とはつまり、すべて「ギブ」だということです。誰かが困っていたら必ず手伝う、ということを意味します。昔であれば、誰かが引越しだといえば周囲は手伝いに行きました。50代はまだそういう活動力もあるし、社会性もある。だからギブをどんどん行っておくのです。そうするとそれがどんどん蓄積されます。つまり人情を貯めるわけです。

それは自分が衰えた時にかえってきます。これは貯金とまったく同じなのです。

お金の貯金と人情の貯金、この2つをまず50代でしっかりしなくてはなりません。

私は50歳になったとき、大学に「仕事」の場所を移しました。

でも、その頃はまだ子供の教育が終わっておらず、教育費の負担がありました。それは非常に大変でしたが、60歳から90歳までの30年間は計画的に生きようと思ったものです。

人生設計なんて、「自分がいつ死ぬかわからないから、考えても仕方がない」という人がよくいます。でも、本書の冒頭で説明したように平均余命、平均寿命で考えればいいのです。私も明日どうなるかわからないですから、平均寿命で考えざるを得ないのです。「考えても仕方がない」といって考えないのが最悪です。

私は60歳から90歳までは、年金と貯金とアルバイトの3つで生計を立てるというふうに決めていました。

第2の人生では子供も育っていますから夫婦でたとえば、1カ月40万円あればデラックスです。ボーナスなしで考えるので1カ月の収入としては少し多めですが、1カ月40万円、年に480万円あれば相当によいほうだと思います。

1カ月40万円の「収入」を目標にすると、人によって違いますが、そのうち年金が約20万円です。

あとの20万円のうち、10万円が貯金の取り崩し、10万円がアルバイトです。そう計画すると1カ月に40万円の「収入」を得られます。

これを私は30年間続けるつもりだったので、貯金としては10万円×12カ月×30年で3600万円が必要です。60歳までに3600万円を貯金する必要があるということです。最後にアルバイトについてです。アルバイトというのは、第2の人生の「仕事」のうち、お金が入ってくるほうの「仕事」です。

私の場合は、突如、テレビに出るようになり、書籍が売れるようになったので、人生が一変したわけですが、自分としては次のような地味な第2の人生を想定していました。「仕事」は順調に行けば、50歳までの第1の人生の延長線上で、人との差別化ができればいいと思っていました。たとえば、技術的なアドバイスをするというような「仕事」です。これは今でも行っています。かつて在籍した会社関係のアドバイスをずいぶん求められるのです。それはやはり、会社で50歳までバリバリ働き、人のイヤがることも全部引き受け、人情も貯金したからです。そのぶん、知人も多く、「武田はあれを知っているんじゃないか」と思い出してくれるということです。

後は大学の非常勤講師みたいなものも想定していました。今は大学の教授ですから、それはしませんが、当時は大学教授は65歳くらいでやめるつもりだったので、後は非常勤講師ができるかなと思っていたのです。

それから時々は、講演の依頼くらいはあるかなと思っていました。

アルバイトは70代まではできても80代では私はきつそうに思います。ですから80代になると1カ月の「収入」が30万円に下がることになります。

結果として今、私の第2の人生のアルバイトは違うものになっていますが、このように考えていたということです。

第2の人生は、はつらつと生きることが健康にもつながりますから、たまには友達と飲んで、タクシーで帰ってくることができるくらいの「収入」がほしいところです。第1の人生の〝余生〟ではなく第2の人生なのですから、収入は必要なのです。

時間を節約しないドライブも「仕事」

では、第2の人生の「仕事」のうち、「お金が出ていく仕事」については、私は今どうしているか、です。

まず、私は学識のある人に会うのが好きで、ある人がこういうことが得意だと聞くと、会いたくて仕方がなくなります。そういう人と寄り合って、話をするのは本当に楽しいものです。自分の知識も増えます。探求心や知識のある人は何も学者に限らず、いろんな分野にいますので、そういうつながりを大事にしています。

一般の人であれば、カルチャースクールに行くというのも同じような意味で楽しいと思います。

第2に、私はテニスとキックボクシング、ドライブをしています。昔はゴルフもしていましたが、今はこの3つです。

まず、車を運転するのが好きだというのがあります。だから運転する時間が長ければ長いほどいい。でも第1の人生ではそうではありません。人生の目的が決まっているので、時間を節約しなければなりません。そうすると運転するからには、目的地に早くつかなければならないわけです。しかし第2の人生では、時間を節約しなくていい。自分の行きたいところに行くドライブ自体が「仕事」なのです。

私は、1800ccのガソリンエンジンの小型乗用車に乗っていますが、なぜ小さな車に乗っているのかと時々聞かれることがあります。

「武田さん、もっと値段の高い自動車を買ったらどうですか」と言われるのです。

それで「値段の高い自動車」を見に行ったこともありますが、全然、面白くないわけです。

というのは「値段の高い自動車」というのは、アクセルを踏むと、しゅーっと進みますし、音もあまりしません。それでは私の場合、ドライブが楽しくないのです。

今の車は１８００ccの小型乗用車ですが、その前はもっとオンボロ車に乗っていて、「ものすごいオンボロ車なんです」とテレビで言ったところ、テレビカメラが1度、突然大学に来て撮影していったこともあります。そのくらいオンボロでした。

私はドライブ自体が楽しいので、あまり頻繁に故障されると困るのですが、実はそういうのも厭わないし、ガソリンの消費量もまったく問題ありません。ガソリンを使ったほうが環境にいいと私は言っているのですが、そうでなくてもガソリン消費量などは些末な話なのです。ガソリンのために人生を生きているのではなく、自分の人生のために私は第2の人生を生きているわけですからね。

そういうわけで、１８００ccのガソリンエンジン車を運転しながら、目的地に行く。たとえば、名古屋駅まで誰かを送っていく。それは私にとっては時間短縮ではなく、人に感謝され、自分も楽しいドライブなのです。

自分の車を運転しない時も、たとえば地方に行って、タクシーに乗ることになっても、最近では必ずスマホ（スマートフォン）を見て、タクシーがどこを通っているのか、近くに何があるのかを見て楽しんだりします。

これが第1の人生であれば、まったく違ってきます。私は能率主義でしたから、早く目的地についたほうがいいと思っていました。

「時間がもったいない」は必要ない

そして私は今、テニススクールに通っていますが、テニスも同じで、それ自体が「仕事」になります。テニスがうまくなる必要はないのです。もちろん、テニスをしていると自然とうまくなりたいとは思いますが、そんなことよりも、テニスをして時間を過ごすことが重要で、それが目的です。

また、コーチと親しくなります。あるいはテニスに行くと友人ができます。あるいは、もともと友人である人を誘って、一緒にテニスをするのも楽しいわけです。

たとえば、第1の人生では、テニスの時間がもったいないとか、テニスをした後に仲間と雑談する時間がもったいないとか、そういう意識があったりしましたが、第2の人生ではそんなことはありません。その時間が楽しいし「仕事」なのです。「時間がもったいない」という意識は第1の人生のもので、第2の人生には必要がありません。

私の第2の人生の「お金が出ていく仕事」の3番目は、人づきあいです。古い友達とぶらっと会う、そういうことを頻繁にしています。「時間は空いていますか？」とすぐ電話します。相手が私に会うのが嫌なら「予定が詰まっています」と言うはずですから、聞いてみればいいわけです。

あるいは私は昔から顔が広かったので、人と人とのつなぎ役を積極的にします。誰かと誰かが何かで少し関係があると耳にすれば、両方に連絡して会ってみたりするのです。これは意外に時間がかかりますし、そのためには若干のお金もいりますが、第2の人生で予定しているので大丈夫です。

他に、私は独身者の「ラビット会」というものを主宰しています。いわば堅苦しくないお見合いの会です。戦後、「恋愛結婚」などと言って、男女が恋愛して結婚すると考えていますが、古今東西、恋愛結婚などというのはごく稀でした。実際は、同じ村で子供の頃から知っているとか、お見合い、あるいは親が決めて会ったこともない人と結婚するのがほとんどでした。

ところが、最近では「恋愛結婚」至上主義になりました。でも、「恋愛結婚」がいちばん難しいのです。もともと男女は出会いが少ないし、単に出会ったから愛を告白できるということでもないので、結婚できない人が多くなっているわけです。だから私は2つの「ラビット会」を主宰し、40歳近い人は「40シングルラビット会」、50歳を超えている人は「50ラビット会」などに分けて、結婚の機会を作っています。

まったくプライベートな活動で、会費も何もなく、私の知っている人しか紹介していません。ですから当たり外れがないし、安心して皆さんに来てもらえます。たとえば、未婚女性の知り合いが2、3人たまってきたら、男性2、3人を私が揃えるわけです。それが結構大変なのですが、今やこれは私にとって大きな「仕事」なのです。

ラビット会は結果的に人に大変、感謝される「仕事」なので、第2の人生では中心的な活動になると私は認識しています。

4番目は、インターネットです。インターネットはブログやSNSなどを通じて、知識も得られますし、暇つぶしもできます。そして思わぬ人と知り合ったり、昔の知り合いと再会したり、人づきあいも広がります。私の感覚ですが、インターネットはパソコンから接続して使ったほうが深くつきあえる気がします。スマホ（スマートフォン）も便利ですが、やはり画面が小さいと情報の量が画面に制限されますし、発想も広がりません。私の場合は今、半分くらいがスマホで、あとの半分がパソコンというところでしょうか。

何もしなければ生きている意味がない

第2の人生の「仕事」をおおよそ把握してもらったと思いますが、初めての概念なので、さらに深く理解してもらうために、もう少し違う角度から説明を続けます。

たとえば、電車に乗るとします。これは第2の人生では立派な「仕事」です。だからもちろん電車に乗ったら座らないのです。第2の人生は他人に感謝されることが重要ですから、当然、他の人に席に座って頂くわけです。

つまり第1の人生を送っている人が一所懸命、生物として意味のある生活を送っているのですから、その人たちに「どうぞ」と譲って、自分は座らない。私も第1の人生の時は、電車に乗ったら、新聞を読んだり、何かの計算をしたりしてその時間を有効に使っていました。仕事に目標がありますから、電車に乗っている時間をそれに使ったのです。

でも今は違います。電車に乗ること自体が「仕事」です。立って乗るのも「仕事」。それを楽しもうと思えば、いくらでも楽しめます。たとえば、運転席の近くに立っていると、モーターに電流を流すのは駅を出発して何分後くらいかな、つまり慣性運転をするのは何分くらいかなとそういうことを楽しんで見ることができます。

歩くことも「仕事」です。第2の人生では、駅まで10分早足で歩く必要はありません。何分かかってもいいのです。歩いて駅に行くこと自体が「仕事」です。すると周りの風景がよく見えますし、人とのつながりもできる可能性があります。散歩中に、誰かが困っていれば、手を差し伸べることもできます。

家の掃除も「仕事」です。料理だって「仕事」です。最近では私は、家内が孫のところに行っている間、自炊したりします。まだ2、3年しか自炊していませんが、ずいぶん楽しくなってきました。時には人生で初めて、「中華の味付けというのはこういうものか！」と気づくわけです。

あるいは、最近はうどんを煮るのが楽しくなってきました。少し前までは「何分」と計って煮ていましたが、最近ではうどんを煮て菜箸でかき混ぜているときに、沸騰している鍋からうどんを持ち上げると、その弾力性で芯が抜けているかどうかがわかるようになってきました。それが大変面白いのです。失敗しても自分が食べるだけですから何の問題もありません（笑）。そして家内には手間がかからないと感謝されます。

女性の場合は第1の人生でそれを仕事にしてきたのですから、また別に考える必要があります。私が自炊を楽しんでいるように、女性の場合も自分がやってこなかったことを楽しむのがいいと思います。

バス旅行などをするのもいいかもしれません。バス旅行は大げさではなく、個人で参加できますし、値段も1万円と少しくらいで参加できますし、人づきあいも広がります。でも、本当は仕事と家事に追われてきた女性は、全く違うこと、たとえば電気配線など何かの組み立てのような違う世界のことをしてみるのもよいと思います。

ここまでは主に家庭を持った男性を中心に見てきました。というのは、男性は第1の人生と第2の人生で大きく目的、意義、内容が変わるのですが、女性は身近な人の「お世話」をするだけで第2の人生も生きている意味があるので楽なものです。

しかし、現在では人生が多様になっています。独身男性や独身女性も多いですし、離婚された人も多くいるでしょう。昔のように家族がいて孫がいる、というわけではありません。そうであれば、女性であっても、ここまで見てきた男性と同じような工夫が必要でしょう。

また、独身男性、独身女性は、40代くらいで自分の第2の人生をどうするか、よく考えておく必要があります。50歳になると第2の人生が始まるのですから、その時点で家族や伴侶がいない人は、家庭を持つ人の苦労に相当するような対人関係をかなり広く作っておくことが必要だと思います。

考えてみてください。独身男性や独身女性は、「なぜ独身なの?」と聞くと、「気楽だから」と言う人が多いようです。確かに気楽は気楽ですが、でもそれだけ世の中との接点が少ないケースが多いわけです。煩わしい人間関係、煩わしい世の中との接点が少ないから気楽なのです。

一方、家庭を持つと、非常に大変で、夫婦関係もありますし、子供の心配もあります。またはは親戚縁者などいろんな人が関係してくるわけです。その煩わしさに苦労して第1の人生を過ごすのが家庭を持った人たちです。でも、苦労しただけあって、第2の人生ではその人間関係が生きてきます。女性なら「お世話」をする人が身近にできますし、男性は仕事関係だけではない人とのつながりができているでしょう。

しかし、独身男性、独身女性は、その煩わしさの苦労をしていません。ですから、第2の人生を快適に暮らすためには、家庭を持ち、子供がいる人の半分くらいは努力をすることが必要だと思います。その努力とは、今まで述べてきたような友人関係を積極的に作っておくということです。あくまでも自分のためではなく、相手のためになる交際関係を作っておくことが大事だと思います。

男女関係は健康のために重要

もう1つ、第2の人生で重要なことを述べておきます。それは男女関係です。これは50代の方が良いし、またチャンスも多いのです。

50代になると、女性は閉経する人が多くなります。また、男性もすでに子供が育ち、妻以外への女性への情熱も落ち着いてきます。やはり若い男性とは違います。つまり、男女ともに生物として衰えているということです。

しかし、そんな男性であっても、女友達を持っている男性とそうでない男性とでは、体の様子が違ってくると言われています。たとえば、55歳から60歳くらいの男性は血管にカスが溜まってきます。この血管のカスの溜まり方をもって、血管年齢などを測定するわけです。このカスのできかたは、女友達を持っている男性と女友達がいない男性で比較すると、10年くらいも違うのです。

これは産業関係の医師たちが調査をしたもので、データも出ていますが、具体的な人の血管の画像を見ると「こんなにも違うのか！」とびっくりします。女友達がいる男性の血管はつるつるしていますが、女友達がいない生活をしている人はざらざらなのです。

このデータは何を意味するでしょうか？

第2の人生は、生物としてはすでに生きている意味がないわけです。男性が女性に興味を持つのも本来は生殖活動のためですから、50歳以上で女友達がいるかどうかで血管がきれいかどうかが決まるのはおかしいわけです。

でも、これは第1の人生の時のクセが残っているのだと思います。物理学的に言えば慣性の法則のようなものがあり、50歳以上ですでに異性の必要がなくても、第1の人生と同じようになってしまうということです。だから男性は50歳を過ぎても女性を見ると第1の人生と同じようにドキドキする。ちょっといい格好をしようとします。

女性も男性がいるところに出て行くときは、お化粧をきちんとしたりします。

それが我々の体に作用して、そして血管をきれいにするのではないか。つまり、女性が横に来ると、「ちょっと血管を掃除しておかなきゃ」とクセで反応して掃除をするのではないかと私は解釈しています。

ですから、「擬似恋愛」も大事だと思います。夫や妻のいる人はその制限がありますからなかなか難しいかもしれませんが、そうでない場合は大いに異性の友達を持つ。もしくは仕事でも、男性であれば、女性の経営者などと食事をする。

さらに言えば、男性が一緒にいる女性はできれば生理がある方が、より男性の健康によいという研究もあります。女性に生理があると、男性は子供を作ろうという潜在的な欲求が湧いてきて、それが血管を若くしたりして、健康に役立つと私は考えます。

男女関係の影響を分子レベルで見ると、心がトキメいて、心臓の拍動が強くなると、たとえばＡＮＰ（短いタンパク質の一種）というものが心臓から分泌されます。ＡＮＰはメッセージ物質と呼ばれる命令伝達物質の1つです。このＡＮＰは、心臓の負担を軽減させるために、腎臓から水分を排出させて血圧を下げさせますが、同時に、血管内のささくれを修復させる作用があると知られています。

ＡＮＰが分泌されれば、血流もスムースになって、末梢の細胞にも血液が行き届き、酸素や栄養分、免疫系の細胞を身体中に送ることができます。そればかりか、ＡＮＰは血管内のささくれを修復することで、血液に紛れ込んだ細菌やウイルス、ガン細胞が血管から臓器に侵入するのを防ぐ役目を果たしています。

もしかすると、異性の友達の存在は、トキメいてＡＮＰを分泌することで、血管内のカスを除去しているのかもしれません。

50歳代というと、女性はまだかなり魅力的ですし、シワもひどくない。男性もまだ異性としての魅力も強く、元気に生活をしています。

従って、50歳代での第1目標は、男女関係を作ることとも言えます。それもあまり深い関係にならず、性行為を伴わないような「友人としての異性」がよいでしょう。そんな気軽な深入りしない男女の付き合いの技術や心を持って生き方も考えたいものです。

第2の人生の極意

今後、私も80歳を超えると、テニスができるかどうかわかりません。その時は、孫の学校への送迎や、孫が忘れた傘を学校に届けることなどもいい「仕事」かもしれません。

道路の掃除もいいですね。私はずっと道路の掃除をしたかったのですが、忙しい時は道路の掃除がまったくできなかったのです。道路は、高速道路などを別にして普通に私たちが使う道路は、普段からその付近に住んでいる人が少しずつきれいにするのが良いと思います。

これを一般的にはボランティアと言うのでしょうが、私は「ボランティア」という言葉はなんとなく「なんでも税金でやるのが普通だが、特別に手伝ってやる」という四角四面で上から目線のようで好きではありません。自由度がなくなりそうで嫌なのです。ですから、ボランティアとは呼びたくなく、これも第2の人生では「仕事」です。

人生の整理もしなければなりません。第1の人生、第2の人生を通して行ってきたものが、あちこちに突っ込んであったりしますので、それを思い出しながら整理していこうと思っています。それも「仕事」です。

動けなくなってきたら、インターネットを使って楽しむのもよいかもしれません。インターネットの世界については、すこしずつ範囲を広げてやっていきたいと思っています。

私は第1の人生では会社勤めの技術者でしたが、商店を営んでいる人も、資格を持って事務所を営んでいた人もだいたい同じだと思ってください。

自営業や資格を持っている人は定年がないので、第2の人生は割合と簡単です。なぜなら「お金が入ってくる仕事」がすでに確保できているからです。ただし、弁護士や司法書士という仕事はやはりだいたい50歳で区切ったほうがいいとは思います。後はその資格を使って、人に感謝されることをしたほうがいいのです。

たとえば、第1の人生ではある書類をつくるのに2万円をもらっていた人は、第2の人生では同じ書類を1万円でつくるというふうにするのです。差額の1万円はみんなに感謝してもらうための金額です。あまりやりすぎると、第1の人生を生きている人の仕事が値崩れを起こしますので邪魔にならない程度に、です。「ボランティア」は行き過ぎると、第1の人生を真面目に生きている人の仕事を圧迫します。

50歳までは生きているだけで価値があるので、存在を社会が認めてくれます。でも50歳以上は、生きているだけでは社会が認めてくれません。だからここで述べてきたような「仕事」をする必要があります。

これは新しい考え方なので、なかなか、実際に会得するまでに練習が必要だと思いますが、本書を何回も何回もお読み頂くと第2の人生とはそういうものかとわかってくると思います。するると毎日がまったく新しくなります。朝起きると新しくなる。心の準備も新しくなる。土日が来てもまったく新しい日になります。月曜日と火曜日はまったく関係なく、つながっておらず、毎日が新しい生活になります。

そうすると第2の人生の本当の楽しさを享受できると思います。

はつらつとした容貌をして、ニコニコ笑って、人も笑わせて、人のためになることをし、人から感謝される。それが健康と命を守ります。

これこそが第2の人生を生きる最も大切な極意です。

第6章

第2の人生論

人生はなぜうまくいかないのか？

この本はもともと「人生とはどういうものか」がテーマで、その中でも特に「50歳以上の人生を、人類で初めて科学的に考える」という大それたテーマに挑戦しています。しかし、50歳以上でなくても、もともと幸福な人生を不幸にしている人が多いので、最後に「幸福な人生への切符」とはどういうものかを紹介したいと思います。

人生がうまくいかない理由をまず考えてみたいと思います。

一見、関係がないようですが、まず、イギリスがＥＵ（欧州連合）から離れる理由を考えてみます。ＥＵに加盟している国の国民は自由にＥＵ内の別の国に移動できます。すると、多くのポーランド人がイギリスに入ってきました。でも、イギリスがＥＵを離脱することにした大きな理由は、そのポーランド人がイギリスで就職をしてイギリス人の職を奪ったからではありません。それは、イギリス人はイギリス国教を信じている人が大半ですが、ポーランド人はカトリック教徒がほとんどだからです。

同じキリスト教徒でも宗派が違うと、ミサや礼拝の様式も違い、日常的な行動様式も違います。その人たちがイギリスに入ってきてイギリス人が戸惑っているときに、中東の紛争が激しくなり、今度はシリアなどから大量の難民が流入するようになりました。

中東からの難民は宗教がイスラム教の人が多いですからイギリス人とは決定的に異なりますし、さらに生活様式やそのレベルもかなり違います。

これまではイギリス国内にいるのは、同じイギリス人で、せいぜい資本家階級と労働者階級の違いくらいだったのに、文化や習慣が大きく違う民族と一緒に住むようになったためにイギリス人はがぜん、居心地が悪くなったのです。それがイギリスがＥＵを離れようとした1つの大きな原因になりました。

でも、このこと自体を考えるのはここでは意味がありません。ここで、考えなければならないのは、「なぜポーランド人はカトリックで、シリアの人はイスラム教徒なのか？」ということです。このようなことをさらに卑近なところに求めると、「東京には巨人ファンが多く、大阪は阪神ファンが多い」ということでも同じです。今はプロ野球が廃れてきてあまり問題にはなりませんが、少し前までは東京と大阪の人が口角泡を飛ばして、巨人だ、阪神だと言っていたのです。

それでは、なぜポーランド人はカトリック、シリア人はイスラム、東京の人は巨人、大阪の人は阪神、なのでしょうか？　本来、「宗教の自由」と言いますし、贔屓の野球チームもその人その人の自由で、個人によって様々なはずです。でも全然、バラバラではなく、何百万人、何千万人という人が「一束」になって「同じ思想、趣味」を持っているのです。

そして、その原因は「よく考えて宗教や野球チームを選んだ」というのではなく、「生まれた土地が東京だった」「親父がカトリック信者で、幼い頃に教会に行っていた」ということだけなのです。

でも、イスラム教にしても、巨人にしても、本人は断固、それを守り、好きで、他を排斥します。確固たる信念があり、譲ることもしません。そんなに強固にこだわっているのですから、さぞかしじっくり考え、自分の個性、人生観、運命などとの関係で決めたかと思うと、親父がそうだったからとか、東京に住んでいたからというのですから、なんということでしょうか？

第2の人生に全く関係のないようなことを、長く読んでいただいたのですが、これこそ、「人生を不幸にする」基本的な理由が潜んでいるからです。第2の人生ではさらにそれが強くなります。

私たちが「これが良い、これが正しい、これはこんなものだ」と考えているうちのほとんどは「本当にそれが良い、それが正しい、それはそんなものだ」というのではなく、単に何かのきっかけでそうなっているだけです。だから、たとえば、キリスト教の人が明日からイスラム教になっても全く不思議ではないのです。

人生は錯覚だらけ

人間の脳は決定的な欠陥を持っています。

1つは、「先に入ってきた情報を信じる」ことであり、もう1つは「真実は見分けられず、納得できることを真実だと思う」ということです。

たとえば、幼少期からキリスト教を教えられ、10歳でイスラム教、20歳で仏教を学ぶとします。すると、その3つの宗教の教えを比較することはせず、最初に学んだキリスト教を信じるのです。なぜ、そうなるかというと、人間の頭脳では最初にインプットされたことによって「判断力」が生じ、あとはその判断に従って「善悪、正否」を決めるからです。最初にキリスト教の教えが頭に入っているのですから、キリスト教の教義で判断することになります。そうすると、イスラム教や仏教は間違っているということになります。

この問題は、学生に科学を教える時にとても困る課題です。学生は大学の研究室に入るまで、私の専門の工学は全く経験していません。それでも、学問とはどういうものか、を間違ってインプットされています。そうすると、それに基づいて正否を判断しますから、頑固な学生はまったく伸びないという現象が出るのです。

その意味では優秀な学生とは、頭が良いというより、新しく入ってくる情報を受け入れるという特徴があるといったほうが良いのかもしれません。

ある人と意見が異なったり、習慣が違ったりするのは、「もともとその人と考え方が合わない」のではなく、生まれてからの人生がその人とは違っていたことに他なりません。私たちが正しいと考えているのは（たとえば、イエス・キリストを信じているとか、巨人軍が好きだとかいうこと）、「正しい」のではなく、「自分の人生の行きがかり上、たまたまそうなった」ということにすぎないのです。だから、自分が正しいか相手が正しいかはまったくわかりません。

これは、社会生活や会社の人間関係でもまったく同じです。小さい頃から勉強し、学校では友達と遊び、受験に悩み、いい学校を目指し、就職や結婚相手でも「少しでも良いところ、良い人」と願うこと自体がまったく「錯覚」だと言っても良いのです。

自分の背丈にあった子供時代を過ごし、20歳までは与えられることを一所懸命にやり、損得を考えないのがおそらくもっとも正解なのでしょう。そこには悩みも何もありません。そして20歳を過ぎて就職をするようになっても、自分としてはある程度頑張った状態にいて、周囲の人は周囲の人でそれぞれ考えがあると思っていれば、ここでも悩みはありません。

もともと、人間は「自分と他人」を区別する傾向があります。自分の考えていることは正しく、他人の考えが自分と違うと「他人は間違っている」と思います。そして自分が得をすると喜び、他人が損をしても悔しくありません。でも、こんな風な心を持っていたら、社会では苦しいだけです。私たちは、お釈迦さまやイエス・キリストではないので、他人の考えていることが正しく見え、他人が喜ぶと自分が嬉しくなるところまではいかないのですが、せめて「他人が出世すると嬉しく、自分が不当な取り扱いを受けても甘んじて受ける」ぐらいのレベルまではいきたいものです。

人間は納得できることを真実だと思う

人間の頭脳のもう1つのむつかしいところは、「真実を真実だと思うのではなく、自分が納得できることを真実だと思う」という特徴があることです。これは本当に厄介なもので、このことを進化論を提唱したダーウィンは「勇気をもって見れば真実が分かる」とも言っています。

すこし意味合いが違うようですが、ダーウィンが言っていることには、「自分が事実だと思うのが嫌なことは、勇気がなければ事実ではないと思う」という意味が含まれています。

つまり、人間が事実や真実を受け入れるためには、

（1）納得できること、
（2）自分の害にならないこと、
（3）自分の自尊心を傷つけないこと、
（4）信じても損にならないこと、

などの制約があるということです。

ダーウィンが言ったように「自分は神様の姿に似て作られた」と信じていた人間が、進化論で「君はサルから生まれた」と言われると、先の制約があるので、それを信じることができないということです。

この制約があるので、他国の人、違う文化の人、異性、年齢が大きく異なる人、自分と競争している人などのことを理解するのはとてもむつかしいのです。多くの人は、「自分が正しい」「自分が納得できなければならない」、そして「自分に得になるようにしたい」と思っていますからそうなります。

すると、不満だらけで、対人関係は失敗し、仕事もうまくいかないということになります。これは必然的なことで、他人は自分とは違うということを何回も何回も繰り返して頭に叩き込まないと集団の中での仕事はうまくいかないのです。

それでも第1の人生では、「卒業、結婚、子供、出世、お金」というような具体的な目標がありますから、それなりにストレスはありますが、短期勝負とも言えます。ところが第2の人生ではもともとそういう生物的目標はありませんから、自分自身でしっかりと人生の目標と生活の仕方を考えておかなければなりません。

さらに本書で繰り返しているように、宗教も哲学も文学も、まだ第2の人生の生き方について考えていないのですから、錯覚するのも当然です。

年金は自分が自分に出すのではない

では、第2の人生で重要な事実や真実について少しお話ししておきます。

たとえば、第2の人生では年金は生活するための大事なお金です。

しかし、同時に年金は極めて不安定なお金であることを知っておく必要があります。「年金が破綻するなどあり得ない」とか、「年金が目減りするのは約束違反だ」と怒ったところで、自分は政府ではありません。自分でできることは、政府の考えをあらかじめ知っておくということです。

日本の国民年金制度は1961年に始まりました。それまでは55歳ぐらいになると引退してひっそりと暮らし、息子夫婦の世話になるのが標準的でした。ですから決して、引退後に豊かな生活をしたり、自由に旅行に行くような人生ではなかったのです。

でも徐々に家族環境が変わって、息子が親をみる時代が去り、公的な年金で余生を送る人が多くなったのです。

その年金も最初はなかなか賛成が得られませんでした。そこで政府はウソをつきます。1つは「自分が自分の年金を積み立てる」かのような広報、「ゆりかごから墓場まで」楽な人生が送れるようになるかのような広報、という2つのウソです。国民はこれらがウソであることが次第に分かってくるのですが、人間は最初に聞いたことを信じる傾向にあります。ですから今でも「自分が納めた年金を自分が受け取る」と思っている人や「年金が不足するのはおかしい」と思っている人がいます。

年金は「自分が自分のために出す」ということではありませんし、「十分な年金を受け取ることができる」ということもないのです。

たとえば、20歳から働いて60歳まで年金を払い、60歳から100歳まで年金を受け取るとします。あまり複雑な計算をするとわかりにくいので、年金を納める年齢の中央値が40歳、年金を受け取る年齢の中央値が80歳であることから、40歳で年金を一括して払い、80歳で一括して受け取るとします。

40歳の時の年収が600万円で、80歳の時の年金年収が300万円で満足するとします。

３００万円というと月に25万円ですから、そのぐらいの年金はもらいたいものです。

ところが、自分が年金として預けたお金は、なかなか年金機構がうまく運用できません。何しろ銀行の定期預金の金利が０・３％もないのですから、仮に３００万円を金利０・３％で40歳の時から80歳まで定期預金に入れておいても、３３８万円になるだけです。

一方、戦後の混乱期を除いた物価の値上がり、生活程度の向上の合計は年率７・６％になります（詳しくは拙著『給料を2倍にするための真・経済入門』、ベスト新書）。もし今後もこのような状態が続くとすると、40歳の時に拠出した３００万円は40年後には、16万円の価値に下がっています。かりに物価上昇分だけで計算しても、56万円の価値になっているという計算になります。

35年間もの年金が支えられるか

１９９０年初頭のバブル崩壊から20年ぐらいは日本経済は特別な状態にあり、あまり物価も賃金も上がりませんでしたが、これは特殊な状態で、今では年率で物価を２％上げることを目標にしています。ですから仮に物価が２％上がったとすると、40歳のときに３００万円拠出しても、受け取る80歳のときには１３６万円の価値になります。すると月11万円ほどしか年金を受け取ることができないことがわかります。

大学の経済学では「お金は腐らない」と習うのですが、実際は物価の上昇という形でお金の価値が下がっていきます。だから、「自分が年金を積み立てて自分がもらう」という方法はダメなのです。

ところが、人は他人のためにお金を払うのが嫌ですから、政府は「自分の老後のために年金を積み立てましょう」と言います。その実は「今年、若い人の年金拠出金を受け取るのは、現在のお年寄り」です。つまりこの本の呼び名では、第1の人生の人が第2の人生の人にお金を払うということです。

政府は「老後のために」というけれど、専門的な用語を使うと「賦課型年金」なので、ごまかしがありますが、これも人間の性なので、仕方がありません。

つまり、自分がいくら拠出しても、そのお金を受け取るわけではなく、実際に、第2の人生で受け取る年金は、そのときの第1の人生の人たちの拠出金の範囲だということです。

「老後のために年金を積み立てましょう」という表現と、「少子化で、若者が年金を支えられなくなる」という表現は矛盾しているのですが、日本社会にはＮＨＫがあるので、このくらいの矛盾はごまかされます。でも、自分の第2の人生のためのお金に関することですから、事実をしっかり理解しておくことでしょう。

第2の人生の人のために、第1の人生の人がお金を出すのですから、何とかしてそれを少なくしたいと思うのは当然です。まして今後、少子化が進みますから、簡単に言うと、100万人の第2の人生の人を50万人の第1の人生の人が支えることになります。

かつての定年が55歳、平均寿命が65歳の時は、20歳から働いて54歳までの人、つまり35年間働いた人たちの拠出したお金で、55歳から65歳までの人に年金を渡していました。その場合は、年金と給料が同じ額だと仮定しても収入の3・5分の1の負担、年金が給料の半分の額なら7分の1の負担になるので、負担感は少なかったのです。

ところが、寿命が延びて65歳の定年から100歳までの35年間もの年金を支えようとすると、それを第1の人生の人だけに頼ることはほぼできませんし、同意もしないでしょう。

ここでいろいろな数字を出したので、嫌になった人もおられると思います。これを一言でいえば「第2の人生ではあまり年金に期待するな」ということです。だから、前章でも書いたように、「年金+信用+好意+貯金」などの何本だてかにして「収入」を考えておかなければ第2の人生は楽しくないという現実があるのです。

日本経済の未来に不安を持たなくていい

今から数年前、政府が消費税を上げようとしているとき、財務省の要請か、もしくはNHKの忖度かはわかりませんが、NHKが連続的に「国の借金は1000兆円」「国民1人当たりの借金は800万円」「子孫につけを回すな」という報道をしました。完全なフェイクニュース（意図的な誤報）だったのですが、NHKを信頼している多くの国民はこのフェイクニュースを信じて、消費税を上げるのに賛成し、さらに将来について強い不安を抱くようになったのです。

第2の人生では、自由に働いて自由にお金を得ることが今のところむつかしいので、その不安から抜け出せず、貯金も使えないという人がおられます。さらに大気が汚れたり、ひどく温暖化したりするといった環境に対する不安もあります。

いずれもフェイクニュースなのですが、第2の人生を支配する心配事でもありますので、ここでそれは全くのウソであることを整理しておきたいと思います。

まず、「国の借金」ですが、これは単に用語の間違い（故意の間違いだと思われる）で、正しくは「政府が国民から借りた借金」と言うべきものです。貸したのは国民なのです。NH

Kが「国の借金」と表現したのは、日本政府が国民に借用証（国債証書）を出して、国民から借りたお金のことです。だから「政府の借金」という言い方なら正しいのですが、国と言うと政府も国民も会社も国の一部なのですから「国の借金」ではないのです。

まして「国民1人当たり800万円の借金」というのは真逆の表現で、正しくは「国民1人当たり800万円の財産」なのです。

でもNHKが間違った表現を繰り返し使ったために、国民は自分たちが借金を抱えているかのごとくの錯覚に陥り、「子供たちに借金を残したら大変だ」と消費税の増税に応じたということですから、NHKの罪もかなりなものです。

世界でもギリシャなどのように政府が借金をして財政的な危機に陥った国がありますが、それは政府が「外国人から借りた」というケースです。日本では日本政府発行の長期国債を買っている外国人は6％にしかすぎず、日本が保有する対外純資産350兆円と比較すると60兆円ほどにしかなりませんので、問題はありません。

それでも政府が借りているお金が返せなくなった時にどうするかは残された問題ですが、普通に考えますと、景気が回復した時に返すか、日銀券を発行して償還することになるでしょう。

いずれにしても、バブル崩壊から30年ほど経過しますが、日本経済はややデフレ気味であること、他国との関係では黒字基調であること、日本の工業力が相変わらず強いことなどを考えると、日本の経済が崩壊したり、戦後のような混乱が来たりする可能性はほとんどないと考えられます。

また、もう1つの不安材料は「環境」ですが、これも心配はありません。思い返せば、「リサイクルしないとゴミがあふれる」というのはウソでしたし、「ダイオキシンが猛毒だ」とか「エイズを防ぐことができない」というのもウソでした。今から考えると、いずれも「庶民を脅して一部の人が補助金をもらう」手段に使われたにすぎないのです。

また、現在の温暖化もそのうちには沈静化するでしょう。私は物理学者ですが、私の知識、および温暖化するといっておられる学者の方の計算をチェックしても、そんなことにはならないと思います。

実績としては、1988年にアメリカの航空宇宙局（NASA）のジェームズ・ハンセン博士が計算し、米上院の公聴会で証言した「温暖化の予想」は、現実とはまったくあっていないことが、すでに30年を経てわかっています。

そこで、最近の彼の報告書では「すぐウソがばれるとまずい」ということなのか、30年後の予測から100年後の予測に変えて、計算結果が間違っていても分からないようにしていますが、そんな細工をせざるを得ない状態になっています。

また、中国などで問題になっているＰＭ（大気汚染の原因となる物質）ですが、１９５２年のロンドンスモッグ以後、ある国が経済発展をするときには必ずと言ってもよいほど大気汚染が起こっています。これは、ちょうど人間の思春期のようなもので、経済発展と環境保全のバランスが崩れることからくるもので、すでに日本、アメリカ、ヨーロッパなどはその時代が過ぎたため大気汚染などの問題はなくなっています。

つまり、大気汚染、水質汚濁のような「原始的な環境汚染」については、脱硫、脱硝、活性汚泥処理などの技術が確立しているので、成長が一段落すると技術が採用されて環境汚染は止まります。水俣病問題が起きた時、判決を下した裁判官は「経済発展すると必ず環境は汚染される」としましたが、これは技術音痴の裁判官が事実を見間違っただけです。

第２の人生を危うくするかもしれない日本経済の崩壊や財政の破綻、さらには環境の悪化はほとんど起こらないので、安心して第２の人生の計画を練ることができると思います。

親子、兄弟の仲が悪いのは当然

第２の人生を生きるためのヒントとして、人間関係についてもお話ししておきます。

第２の人生では、一般的に自分の子供は学校を卒業しているでしょう。ときには結婚し、さらには孫もいることもあるでしょう。だから、男性でも女性でも「子供、もしくは子供の家庭との付き合い」が重要な人生の一部になることがあります。また、兄弟姉妹や親しい親戚、さらには長くご無沙汰していた幼馴染などとの付き合いの時間も増えることがあります。

2章で述べたように、生物は単性生殖から有性生殖になりました。環境の変化によって絶滅するのを防ぐために、厳しい環境になると、それを乗り切るために新しい性質を持った個体（子供）を作るようになったのです。

このようにして自分と子供、子供の兄弟姉妹ができるのですから、そこにある必然的な結果が見られます。

「親子だけれど本当は似ていない」「兄弟だが仲が悪い」ということが起こります。それはごく当然で、有性生殖とは「できるだけ今の自分と違う子供を作る。子供が複数なら兄弟姉妹ができるだけ違うように作る」というのがもともとの目的だからです。

つまり、親子、兄弟姉妹は「性質が違うこと」がもともとの目的です。それらが同じ性能でできていたら、両性生殖をするために、男女が付き合い、プロポーズし、結婚し、家を持ち……と面倒なことをする必要もないのです。

だから、生物としての人間で考えれば、自分と子供は違う、子供が複数いたら仲が悪いというのが基本です。でも、遺伝子を引き継ぐわけですから、顔が似ている、考え方の一部が同じということはあります。それが目に付くので、「やはり親子だな」と思うのです。が、実は似ているところはごく一部で、全体としては「違う人間」であり、そのために子供を作るということです。

第2の人生では、子育ては原則、終わっていますから、子供との付き合いは「1人の人間対人間」になります。そして様々な意味で利害関係があるので、「他人より難しい関係」になるのです。

子供との難しい関係で典型的なものは「嫁姑」問題ですが、これはまだ他人同士なので、解決の方法があります。しかし、親子、兄弟は他人ではないので、さらにむつかしいということを知っておく必要があります。

遺産相続で血みどろの争いをする血を分けた兄弟などは普通にいるのですが、それも他人ではない他人のような人だからこそ起こるのです。現在は、すでに大家族はなくなりつつあり、親は子供と離れて暮らしている人が多いのですが、たとえ別居でも同居でも、この原理原則を知って第2の人生を過ごしていくことが欠かせません。

「上司と部下」システム

もう1つ、特殊な人間関係について述べておきます。それは上司と部下の関係です。第2の人生に入った人は、つい、これまでのクセで周囲の人に「大きな態度」をとることが多いようです。もともと人間は、年齢や性別などが違っても、1人の大人としてもちろん平等で、お互いに尊敬しなければなりません。でも、ついつい、年が少し上だというだけで横柄な口をきいたり、女性を下に見た発言をしたりするものです。

もともと、第2の人生はすでに生物的意味を失っているのですから、人間という種の保存ということでは「食べさせてもらっている」という意識が大切だと思います。

では第2の人生にまで影響を及ぼす上司と部下の関係を論理的に説明しておきます。

上司というのはこの世で特別な存在です。かつて封建社会では、身分制があって、それは子供の代になっても変わらないので、「身分が違う」人に対してはごく自然にへりくだったり、逆に、威張ったりできたものです。

ところが、民主主義で平等の時代には、家庭でも夫と妻、子供の間にはっきりした身分制などはありませんし、学校でも友達は平等、ときとして先生と生徒も役割こそ違いますが、あまり遠慮などせずに付き合う時代でもあります。

そんな平等な時代でも、上司だけは大きく違うのです。

会社や営利を目的とした組織では、「内部で意見が異なる時に、それを処理するシステム」を作るのですが、もっとも一般的で日々の生活に関係するのが「上司と部下」のシステムです。この関係は身分制ではなく業務をスムースに進めるシステムです。

ある商品を営業するときに、Aさんは「東京商事に売りに行くのが良い」と思い、Aさんの上司は「大阪商事が良い」と判断したとします。実際に、営業をかけるときにAさんが東京商事が良いと上司に説明しても、上司には上司の考えがあって、大阪商事に行けと言われたとします。

もし、「上司と部下」というシステムがなければ、さらに議論を重ねて、どちらがよいか2人で合意する必要があります。でも、経験も考え方も違う2人が一致するまで議論するとなると日常の業務を進めていくことができません。

そこで、仕事の大きさにもよりますが、普通なら5分ぐらいそれぞれの考えを言ったところで、上司が「じゃ、○○商事にしよう」と言い、もしAさんが納得しなくても、上司の言うことに従って、○○商事に行くことになります。

簡単に言うと「5分話して合意しなければ上司の言う通り」というのが会社などのシステ

ムですが、この利点は2つあります。
（1）合意する時間をかけなくてよい
（2）魂を屈する必要がない

「本当に正しい」と「役割として正しい」

「正しい」には、「本当に正しい」と「役割として正しい」という2つがあります（詳しくは拙著『「正しい」とは何か』、小学館刊を参照）。

「人生はどう生きるのが正しいか？」とか「政治体制は資本主義がよいか、共産主義がよいか？」などは「本当に正しいこと」を議論するものですし、「地動説と天動説のどちらが正しいか？」などの科学を論じるものも同じです。

でも「正しい」にはもう1つ、「役割としての正しさ」、つまり「仮の正しさ」があります。

その典型的なものが「上司と部下」で、本当にどっちの意見が正しいかはわからないけれど、能率を上げるために、5分程度、説明や意見交換をしたら、「上司の考えが正しい」と仮に決めるということです。

たとえば、どのお客さんに売りに行くのが正しいかとか、どのテーマを選ぶのが正しいかなど、現実の仕事で意見が分かれるものの大半が「未来のこと」です。未来のことは予想することしかできませんので、しょせん、はっきりしません。だから「仮に上司の方が正しい」としておくのです。

この方法が「能率」以外に、もう1つ優れている点は「上司に従う部下の魂には触れない」からです。

もし、真剣勝負で「どちらが正しいか決める」ということになると、おいそれと上司に従うことはできません。「俺はメンツにかけて、自分の意見を曲げない」ということになり、結論は出ず、人間関係も崩れてしまいます。でも、「仮に上司の方が正しい」というのなら、別段、頑張る必要もなく、従うことができます。「俺は本当は東京商事に売りに行くのが正しいと思うが、上司が言うのだから、仮に従っておこう」と思えばすむことです。

しかし、社会はそこまでよくわかっておらず、酒場で飲み交わしているサラリーマンが上司の悪口を言うのをよく見かけます。「あの上司は間違っている」「わかっちゃいない！」と憤懣やるかたなく杯をあけていますが、それはピント外れです。

上司が間違っているということはないのです。上司は常に「仮に正しい」のであって、もし間違ったら上司が責任をとるのですから、問題はありません。上司が分かっていないということもありません。部下から見て上司が分かっていないと思うだけで、上司は上司で部下よりわかっているると思っているのです。

さらに、人間社会は面倒なものです。

上司と部下はあくまで仕事上の関係であって、身分や能力で決まっているのでもありません。約束事で決まっている人間関係なのです。でも、よく上司が失礼な言い方をしたり、部下を罵倒したり、意地悪や見せしめをすることもあります。このようなことが起こるのは、「役割としての上司と部下」を続けていると、「身分としての上司と部下」に気持ちが変わってしまうからです。

上司との関係が第1の人生でうまくいかなかった人は多いと思いますが、それは「上司と部下」が「役割」であることに気がつかず、ついつい、真剣になってしまったりするからです。あるいは年齢が違ったり、性別が違ったり、経験年数の違いなどによって「1人の大人同士」ではなく、身分的な違いがあるような錯覚にとらわれたからではないでしょうか。その錯覚を引きずって、第2の人生を生きることのないようにしたいものです。

社会の考えと自分の考えに差が出る

第2の人生で発生する多くの問題は、自分の努力と考え方で防ぐことができますが、年齢

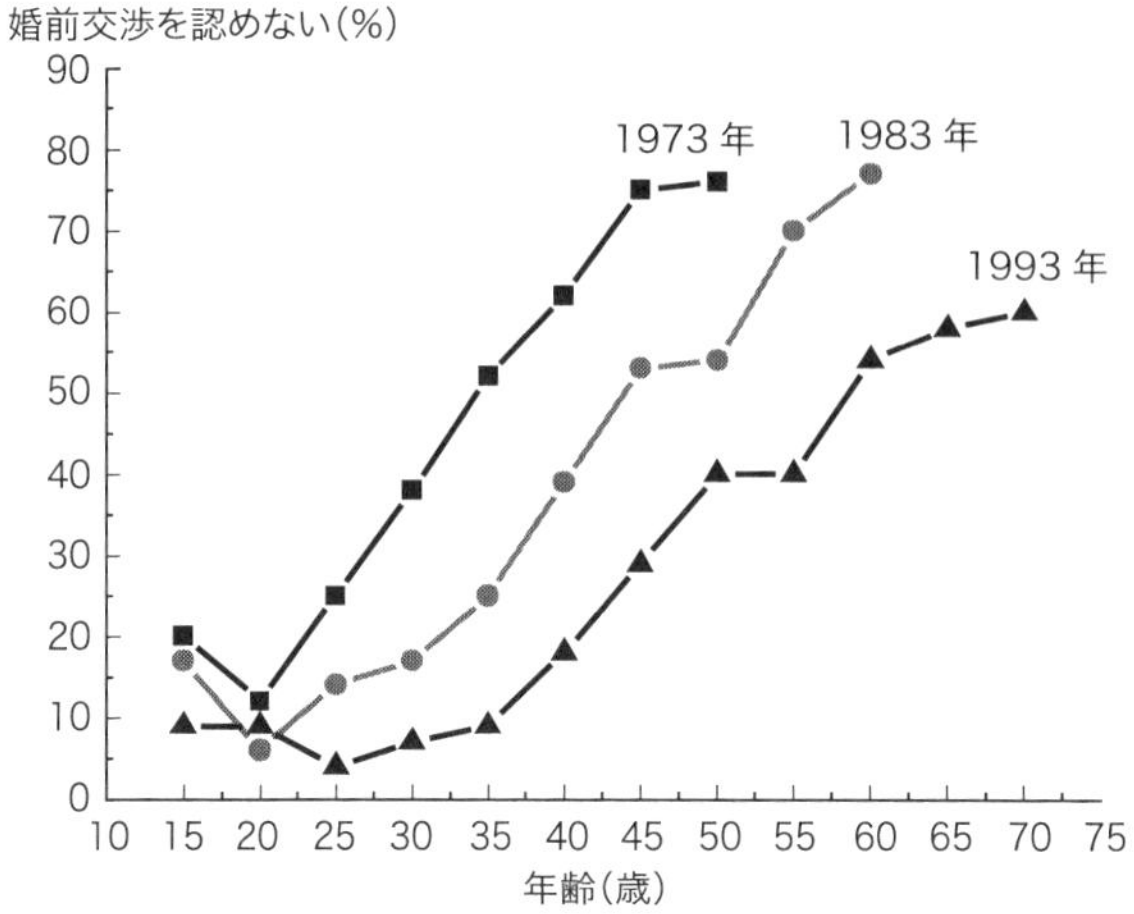

図8　年齢による婚前交渉の是非（NHK放送文化研究所『放送研究と調査』2014年、第9回「日本人の意識」調査を元に整理）

とともにどうしても避けがたいことがあります。それは年齢とともに「必然的に変化する社会との距離」が大きくなることです。これは第2の人生の最大の問題の1つですので、ここにまとめたいと思います。

まず、ある調査の結果を元に筆者独自の整理をしたグラフを示します。

このグラフは極めて本質的な内容を示していますが、同時に、かなり綿密に見なければその本質が分からないという面もありますので、じっくりと説明したいと思います。

グラフの横軸は年齢、縦軸が「婚前交渉は是か非か」という質問内容に対して「婚前交渉はダメ」と答えた人の割合を示しています。

グラフの元にしたのは、NHK放送文化研究所の「日本人の意識」調査です。最初の1973年の調査では婚前交渉はダメという人が多く、調査の結果を示す線は左に寄っています。次の1983年は真ん中、そして1993年の調査ではかなり「婚前交渉OK」という人の割合が増えたので、グラフの線は右に寄っています。

つまり、日本社会では時が進むと結婚や性的な判断が緩くなり、婚前交渉ぐらい良いではないかというようになることを示しています。私たちの頃は結婚するまで男女が一緒に旅行に出かけるなんてとんでもないことでしたが、今では結婚も婚約もしていない若い男女が普通に、温泉旅行に行ったりしています。

でも、そんなグラフの見方をしていては、第2の人生を楽しく送ることはできません。このグラフの本質はそこにはないのです。具体的に、1983年のグラフを参考にしてこの調査の本質に迫ってみます。

この年の調査では、30歳の人の約20%が婚前交渉ダメと答え、60歳の人の約80%がダメと回答しています。つまり、婚前交渉についての評価が30歳と60歳で、ちょうど真逆になっています。年齢差は30歳。ちょうど父親や母親の世代（60歳）と子供の世代（30歳）で、ある物事に対する考え方が真逆になるということです。

私は講演などの時、親子喧嘩の原因はここにあると解説します。つまり、親と子供のように30歳ぐらい年齢の差がある人同士には、価値観、道徳にこんな大きな差がある。だから親子というのは話し合っても意見が一致するものではないのです。親子の間は「愛情」があればよく、「意見の一致」は原則的に不可能なのです。

このデータについて時折、学生に話しますと、学生はショックを受けて、その後の感想文に、「親父が考えていたことが分かった。申し訳なかった」とか、「お母さんに悪いことをした」という感想が寄せられ、「これから喧嘩しないようにしたいと思います」と素直な文章が続きます。

もし、高等学校ぐらいでこのようなことを教えていればずいぶん、家庭のいさかいもなくなるでしょう。

いらいらせずに過ごすために

でもこのグラフが教えていることは単に親子のことだけではなく、社会全般に応用できるのです。

１９７３年の全体の傾向、１９８３年、１９９３年の傾向を見ますと、先ほど書いたように徐々に線は右に寄ってきています。これは社会が徐々に婚前交渉ＯＫになってきていることを示しています。

この2つのことから、普通は「社会が徐々に婚前交渉ＯＫになってきていて、個人も少しずつ、まあ、そんなもので良いかもしれないなと思うようになる」と解釈するでしょう。でも、それが錯覚をもたらす大きな誤解なのです。

グラフをもう少し精密に見てみます。

１９７３年の時に30歳だった人は質問に対して、40％が「婚前交渉ＮＯ」と答えています。実は、この人は次の調査１９８３年には40歳になっていますので、２回目の調査の40歳のところを見なければなりません。するとこの人はなんと10年前と同じく40％がＮＯなのです！

そしてさらに１９９３年にはその人は10歳、年を取って50歳になっていますが、そこを見るとやはり40％がＮＯ！と答えているではありませんか！

なんということでしょう。

30歳のときに婚前交渉ＮＯと答えた人が40％、その人たちは40歳になっても、50歳になっても同じく40％がＮＯと答えているのですから、１人の人を考えると、30歳から50歳までまったく考えが変わっていないことになります。

つまり、調査が行われた20年間に社会の考え方が大きく変わったように見えますが、それは１人の個人の考えが変わっていくのではなく、「若い人が新しく社会に登場し、年を取った人が社会から消えていくから」ということがわかります。

つまり、人間は30歳ぐらいまでに「自分の考え、自分が正しいと思うこと」がかたまり、その後、人生（この本で言えば第1の人生と第2の人生の最初の頃）を通じてあまり変わらないということです。そして人が「正しい」と思うことは、神様が決めたようにいつでも同じではなく、その時代、時代で変化をしていくことを示しています。

また、若い人と年配者とどちらが正しいかという議論も無意味です。この調査で「若い人」というのは30年も経てば、年配者の意見になるのですから、いつの世も若者と年配者で「正しい」が違うというように解釈すべきです。この本で言えば、第1の人生の人と第2の人生に入っている人とでは「正しい」が違うということです。

さて、この調査をどのように第2の人生に活かせばよいのでしょうか？

「腹が立つ回数を減らすこと」に活かすことができます。年を取って電車などに乗ると無性に腹が立つことがあります。若いビジネスマンがかたまってドアの前に立ち、楽しそうに話をしている。こちらは急いで降りようとしているのに一向によけようとしない、急いで電車に乗ろうとしているのに前にいるビジネスマンがスマホを見ながらなかなか足を進めない……「この野郎！」と腹が立ちます。

年を取るとなぜ、腹が立つか？

第1には、少しずつ心が傲慢になり、大人に遠慮していた頃とは違っていること、若い時と比べて時の流れが速くなるので、いつも「少しでも早くやりたい」という気持ちが抑えられなくなることなどがありますが、なんといっても最大の原因は、先ほどのグラフでわかるように「第1の人生の人と離れていく」ということです。

なんといっても社会は第1の人生の人の活動量が大きいのですから、電車や社会一般のところでは第1の人生の人が幅を利かせています。そして、その人たちの考えは、まず間違いなく第2の人生の人の考えと違うのです。

勘違いしてはいけないのは、「第1の人生の人の考えが間違っている」のではなく、「それぞれ正しいと思うことをしているのだが、正しいと思うこと自体が違う」と考えることです。第2の人生を楽しく生きる最大のポイントの1つがここにあります。

第2の人生に入り、楽しい毎日を送るために大切なのは、年齢差のある人の言動を真正面から受け止めるのではなく、「なるほど、時代も変わってきたな」と思うことでしょう。

このように第2の人生を破壊する要素は社会にも自分自身にも多くあります。そしてついつい錯覚して「私は年を取った」「最近、けしからんことだらけだ」と思って、自らの人生を短くしているのではないかと思うのです。

人生を楽しくうまくいかせるためには、すべて「自分の利己からくる錯覚を取り除き、事実を事実として受け取る」ということに尽きると思います。

生物として生きている意味のない第2の人生を享受できるのは、現代であっても先進国に生まれたわずかな人だけです。第2の人生は、人間独自の特殊な人生ですから、楽しくいきいきと生きたいものです。

あとがき

現代は、変な社会です。

ゴミがあふれていないのにリサイクルする。石油も枯渇していないのに節約する。地球は温暖化しないのに怯《おび》える。タバコで肺ガンにはならないのに禁煙運動をする。血圧は130㎜Hg以上を高血圧症にして降圧剤を処方する。コレステロール値も高めのほうが健康的なのに油ものを控える。老人は元気なのに定年にして、高齢者扱いをする。

私に言わせれば、滅茶苦茶です。心配しなくてもいいことを心配して、なぜ、それほど自分を暗く追い詰める必要があるのでしょうか。

とりわけ問題なのは、65歳以上の人を、一律に「高齢者」と決め、さらに75歳以上の人を「後期高齢者」と決めつけることです。失礼な話であるばかりか、科学的な根拠を欠いています。

今のいわゆる高齢者は栄養状態がいいのです。そのうえ、医療環境もよくなり、エアコンが完備されていて過ごしやすい。彼らは充分に活力があって、楽しい生活ができるわけです。

その意味では、周囲が「おまえは老人だ」と呪文のように唱えて、無理やりに「高齢社会」を作り出しているのではないかと思います。

本当は、みんな疑似老人でピンピンコロリの人生を送れるのに、高齢者や病人にして、真正老人を作ってしまっています。

現代はレッテル貼りの時代でもあります。学問的に不確かでも、「130㎜Hg以上は高血圧の治療が必要」「植物油は血液がサラサラになる」と肩書きのある人や団体が言えば、まかり通ってしまいます。その結果、病気やガンになっても、誰も責任を取りません。これでは、健康な人でも本当に病気になってしまいます。

そうならないためには、自分なりの指標を持って世の中を眺め、自分なりの指標を持って生き方を決めるしかありません。

本書では一貫して、そのための私なりの理論と方法を説いてきました。まずは、第1の人生と第2の人生は違うのだということを知るべきだということです。

そして、第2の人生は生物として生きる意味がないことを理解し、そのうえで別の価値観を探して生きるしかないということを述べてきました。

私は座右の銘を自分で作るのですが、その1つに次のようなものがあります。

「降ったら濡れろ、酔ったら吐け」

雨に濡れるとか、車に酔ったら吐くという行為は、周囲の価値観に迎合せずに、自然に生きるという意味です。

あるがままの自分を認識して、今を生きる。それが、第2の人生の極意です。

この座右の銘は、テレビ朝日の『報道ステーション』でキャスターを務めた古舘《ふるたち》伊知郎《いちろう》さんが感銘して、「非常に苦しかった時に先生のブログに書かれていたこの言葉を見て救われた。『報道ステーション』の苦しさから解き放たれた」とおっしゃっていました。

そして、私が作ったもう1つの言葉があります。

「昨日は晴れ、今日も朝」

私の人生は、常に「昨日」は土砂降りでした。若い頃は病気がちでしたし、研究者ですからなかなか仕事もうまくいかないこともありました。そんな時に作ったのです。

たとえ、うまくいかない土砂降りの日でも、「昨日」はもう過去です。すでに過去なのですから、捨ててしまえばいい。そうすれば「昨日」は「晴れだった」という気持ちになることができます。過去の記憶を常にバラ色にすれば、「今日も朝」を迎えられます。そう思わなければならないのだということです。

明日のことは考えられないけれども、今日1日くらいは一所懸命生きるのだという私の考え方です。

第1の人生は目標を持って生きていますから「希望」が強くなります。「希望」を持ってある到達点を目指していました。

でも、第2の人生の「希望」は「今日」です。「今日」の1日が「希望」になります。今を生きることこそ、「希望」なのです。

つまり、いつ死んでもいいのです。

ここが第2の人生は第1の人生と違います。命はいつ捨ててもいいですが「希望」は捨てられない。生き生きと今を生きたいということです。

平成30年3月初旬

武田邦彦

武田邦彦（たけだ・くにひこ）
1943年東京都生まれ。東京大学教養学部基礎科学科卒業。工学博士。専攻は資源材料工学。旭化成工業ウラン濃縮研究所所長、芝浦工業大学工学部教授、名古屋大学大学院教授を経て、中部大学総合工学研究所教授。名古屋市経営アドバイザー、富山市政策参与。内閣府原子力委員会および安全委員会の専門委員、文部科学省科学技術審議会専門委員を歴任。『ホンマでっか!? TV』（フジテレビ）をはじめテレビ番組出演多数。
著書に『環境問題はなぜウソがまかり通るのか』（洋泉社）、『偽善エコロジー――「環境生活」が地球を破壊する』（幻冬舎新書）、『大麻ヒステリー　思考停止になる日本人』（光文社新書）、『エネルギーと原発のウソをすべて話そう』（産経新聞出版）など多数。近著に『武田邦彦の科学的人生論』（飯塚書店）など。

科学者が解く
「老人」のウソ

平成30年4月13日　第1刷発行
平成30年4月24日　第2刷発行

著　　者　武田邦彦
発 行 者　皆川豪志
発 行 所　株式会社産経新聞出版
〒100-8077 東京都千代田区大手町1-7-2 産経新聞社8階
電話　03-3242-9930　FAX　03-3243-0573
発　　売　日本工業新聞社　電話　03-3243-0571（書籍営業）
印刷・製本　株式会社シナノ　電話　03-5911-3355

ISBN978-4-8191-1334-2
